Carl Heyner

Kleines Gedenk-Buch für Frankfurts grosse und kleine Kinder

Carl Heyner

Kleines Gedenk-Buch für Frankfurts grosse und kleine Kinder

ISBN/EAN: 9783743445215

Hergestellt in Europa, USA, Kanada, Australien, Japan

Cover: Foto ©ninafisch / pixelio.de

Manufactured and distributed by brebook publishing software (www.brebook.com)

Carl Heyner

Kleines Gedenk-Buch für Frankfurts grosse und kleine Kinder

Kleines Gedenk-Buch

für

Frankfurt's große und kleine Kinder

von

Dr. C. Heyner.

Frankfurt a. M.
Verlag von Heinrich Keller.
1868.

Druck von C. Krebs-Schmitt.

„Gedenkbuch" taufte ich die nachfolgenden Blätter, die in kurzen Andeutungen Frankfurts Kinder an die guten und bösen Tage ihrer Vaterstadt von der ältesten bis auf die jüngste Vergangenheit erinnern sollen. Als „kleines" Gedenkbuch bezeichnete ich sie deßhalb, weil, wenn diese in Zeit von wenigen Tagen entstandene Arbeit bei meinen Mitbürgern Beifall findet, dann auch ein „großes" folgen kann und wird.

Frankfurt a. M., im December 1867.

H.

Januar.

1.	1349	wird von den im Predigerkloster versammelten Kurfürsten Graf Günther von Schwarzburg zum römischen König gewählt.
1.	1635	nimmt die schwedische und weimarische Armee ihren Marsch durch Frankfurt, welcher Durchmarsch drei Tage dauert. (30jähr. Krieg.)
1.	1689	stecken die Franzosen das Dorf Oberrad in Brand. (Orleans'scher Krieg unter Ludwig XIV.)
1.	1808	wird der Zeitungsstempel zum ersten Mal erhoben.
1.	1826	tritt die Ersparnißanstalt in's Leben.
1.	1837	wird das am 24. August 1724 eingeführte Thorsperrgeld aufgehoben.
2.	1344	erlaubt Kaiser Ludwig den vier wetterauischen Reichsstädten, worunter Frankfurt, sich mit Rittern, Herren und Knechten zu verbinden, und dieselben zu verantworten und zu schirmen als ihre Bürger.
2.	1759	überwältigen die unter dem Marschall Soubise stehenden französischen Truppen bei ihrem Durchzug die Soldaten der Constablerwache und besetzen dieselbe.
2.	1836	Eintritt Frankfurts in den Zollverein.
3.	1344	ertheilt Kaiser Ludwig IV. der Stadt Frankfurt und den übrigen wetterauischen Reichsstädten die Befugniß, daß sie gegen diejenigen, welche wider sie thun und nicht Recht vor ihren Schultheißen neh-

Januar.

3.	1613	men wollen, sich wehren mögen und sie angreifen, sofern sie können und mögen. wird der, am 23. Mai 1613 von Kaiser Matthias bestätigte, bis zur Einverleibung in Preußen das hauptsächlichste hiesige Staatsgrundgesetz bildende Bürgervertrag von Rath und Bürgerschaft unterschrieben.
3.	1863	Eröffnung der Hessischen Ludwigsbahn.
4.	1366	stellt Kaiser Carl IV. durch ein in Prag erlassenes Manifest die sieben Jahre früher von ihm abgeänderte alte Stadtverfassung wieder her. (Zunftstreitigkeiten.)
5.	1536	Aufnahme Frankfurts in den evangelischen Bund.
5.	1722	erscheint die erste Nr. des hiesigen Intelligenzblattes.
7.	1363	gewährt Kaiser Carl IV. Sifrid zum Paradis das Recht, das dem Landvogt der Wetterau vom Reich verpfändete Frankfurter Schultheißenamt nebst dem benachbarten Reichsforste um die früher gezahlte Pfandsumme einzulösen. (Erste Rettung der bedrohten Frankfurter Selbstständigkeit.)
7.	1807	erklärt der Fürst-Primas seine Zustimmung zur Errichtung des hiesigen Zeichnen-Instituts.
12.	1682	Beginn der großen Ueberschwemmung durch den Main, die bis zum 21. andauerte.
14.	1711	Brand der Judengasse, welche fast ganz (an 500 Häuser) in Asche gelegt wurde.
15.	1816	legt der Senat der Bürgerschaft die „ergänzte" Verfassung zur Prüfung vor. (Const.-Erg.-A.)
16.	1516	erläßt Kaiser Maximilian eine Confirmation und Declaration der vom Kaiser Karl IV. und Sigismund der Stadt ertheilten Privilegien, das sichere Geleit in den Messen hinsichtlich der Reichsächter und Landfriedensbrecher betreffend.

Januar.

16.	1686	hält der seit dem 1. August 1666 hierher berufene Freiprediger Phil. Jac. Spener seine Abschiedspredigt, um einem Rufals Oberhofprediger nach Dresden zu folgen.
17.	1398	ertheilt König Wenzel der Stadt ein Privilegium, wonach Niemand die hiesigen Bürger und Unterthanen mit Auflagen belegen soll, die Stadt auch nach Gutbefinden in ihrem Gebiet Landwehren, Wartthürme u. dgl. anlegen darf.
17.	1859	wird die Verbindungsbahn eröffnet.
18.	1806	marschirt Marschall Augereau an der Spitze von 9000 Mann französischer Truppen in hiesige Stadt ein.
20.	1584	wird zwischen dem Erzbischof und Kurfürsten Wolfgang von Mainz und der Stadt Frankfurt ein Vertrag, das Marktschiff und Geleit betr., abgeschlossen.
20.	1739	tritt das Pfandamt in's Leben.
22.	1363	ermächtigt Kaiser Karl IV. den Rath zu Frankfurt, Juden in die Stadt zu ziehen und mit ihnen um jährlichen Zins übereinzukommen, welcher zum Theil zum Besten der Mainbrücke verwendet werden soll.
23.	1477	wird dahier eine Zusammenkunft von Gesandten aller Reichsstädte gehalten. Der Gegenstand der Berathung betraf hauptsächlich die von Kaiser Friedrich III. an die Reichsstädte gemachte Anforderung des zehnten Pfennigs. [Bei dieser Gelegenheit tractirte die adliche Gesellschaft Limpurg alle Gesandte „auf ihrer Stuben" und machten zu „Directores" Herrn Arnold v. Holzhausen und Georg v. Breidenbach. „Diese gaben zu Abends köstlich zu essen, Fleisch und Fisch, da zahlte ein jeder von der Adelichen Gesellschaft, so darbey waren 7 Schilling, und hielten die Frembden alle frey."]

Januar.

24.	1366	beginnt Erzbischof Gerlach von Mainz die Untersuchung gegen die aufständischen Frankfurter Zünfte.
26.	1814	rückt die erste hiesige Freiwilligen-Schaar unter Commando des Grafen von Ingelheim gegen Frankreich in's Feld.
28.	1322	ertheilt Kaiser Ludwig IV. den Bürgern von Frankfurt folgende Gnaden: daß der Schultheiß der Stadt Pannier führen, daß Niemand einen Zoll fünf Meilen um die Stadt nehmen, daß der Reichswald zum Nachtheil der Weide nicht gerodet werden, daß jeder Schöffe wöchentlich am Freitag ein Fuder Brennholz aus dem Reichswald holen, und daß die Stadt für das Reich gegen Niemand pfandbar sein solle.
28.	1721	Abends 8 Uhr Brand in der Judengasse, durch welchen ca. 110 Häuser in Asche gelegt wurden (vom Bornheimer Thor bis an das Judenbrückchen).
28.	1848	Gründung des Vereins für Gartenbau „Flora".

Februar.

1.	1306	bricht die Eisdecke des Mains auf und das Wasser wächst mit solcher Gewalt, daß die zwei Brückenthürme und ein großer Theil der Brücke weggerissen werden, und an 500 Personen, die auf der Brücke standen, ertrinken.

Februar.

1.	1599	Versammlung der Fürsten Augsburgischer Confession.
2.	1440	Wahl Kaiser Friedrich III.
2.	1814	constituirt sich der Frankfurter Frauenverein.
4.	1806	verlangt der französische Marschall Augereau vom Rath vier Millionen Francs durch folgendes in gewöhnlicher Briefform gehaltenes Handbillet:

Meine Herren!

Es ist mir durch meinen Souverain, den Kaiser der Franzosen und König von Italien, befohlen, an die Stadt Frankfurt eine Contribution von Vier Millionen Francs zu fordern. Da ich keineswegs zweifle, meine Herren, daß Sie allen guten Willen bezeigen werden, um die Absicht Ihrer Majestät zu erfüllen, so fordere ich Sie auf, sobald als möglich jene Summe in die Hände des Herrn General-Cassirers der großen Armee abzuliefern. Herr Garau, Revüe-Inspektor, welcher Ihnen das gegenwärtige Schreiben zuhändigen wird, ist beauftragt, meine Herren, mein Organ bei dem Rath zu sein und sich mit Ihnen über den Gegenstand der Mission, die ihm anvertraut ist, zu vereinigen. Ich habe die Ehre mit Hochachtung zu sein

Darmstadt, den 4. Februar 1806.

Der Reichsmarschall:
Commandant en chef du 7e corps de la grande armée
Augereau.

Das Handbillet des General Manteuffel im J. 1866 war noch kürzer. (Siehe 20. Juli 1866.)

5.	1273	verbünden sich die Städte Mainz, Worms, Oppenheim, Frankfurt, Friedberg, Wetzlar und Gelnhausen auf ewige Zeiten, in Fällen, wenn das Reich, wie es dermalen erlediget ist, keinen andern als König anzuerkennen, als welchen die Wahlfürsten nach einmüthiger Wahl ihnen vorstellen werden.

Februar.

5.	1390	wird durch Erlaß König Wenzels der Rath Frankfurts von 43 auf 63 Personen erhöht. (Siehe 9. Mai.)
5.	1678	ergeht eine erneute Rathsverordnung, wonach ohne Censur nichts gedruckt und keine der Reichsruhe nachtheilige Bücher verkauft werden sollen.
7.	1537	unterschreibt Prädikant Peter Geltner Namens des Frankfurter Raths die Schmalkaldener Artikel.
9.	1779	wird der erste Kranke in das Bürgerhospital aufgenommen.
10.	1281	verleiht Rudolph von Habsburg dem Frankfurter Schultheiß Heinrich von jedem zu Frankfurt wohnenden Juden eine Mark, bis auf Widerruf.
11.	1368	bestätigt Kaiser Karl IV. alle Gerichte und Gesetze, die der Erzbischof Gerlach von Mainz gemacht, als ihn der Kaiser vorher gegen Frankfurt gesendet hatte, um alle Gebrechen zu untersuchen, die daher zwischen den Schöffen und dem alten Rath an einem und den Handwerksleuten am andern Theile entstanden waren. (Siehe 24. Januar.)
11.	1632	Eintreffen des Königs Gustav Adolph von Schweden und des Pfalzgrafs Friedrich (König von Böhmen).
12.	1742	Krönung Kaiser Karl VII.
12.	1866	findet hier die erste Wahl zum norddeutschen Reichstag statt.
13.	1299	ertheilt Kaiser Albrecht I. den Rathmannen und Bürgern von Frankfurt das Privileg, daß keiner sie mit Kampfrecht oder wegen Schuldforderungen außerhalb der Stadt vorladen könne oder dürfe.
13.	1558	Eröffnung des Kurfürstentags.

Februar.

14.	1359	bestätigt Kaiser Karl IV. den im November 1358 zwischen Rath und Bürgerschaft abgeschlossenen Vergleich (Zunftstreitigkeiten).
15.	1278	datirt die erste Urkunde über das Hospital zum heiligen Geist, das aber schon früher bestanden hat.
15.	1828	Stiftungstag des Liederkranzes.
15.	1855	wird der vom gesetzgebenden Körper angenommene Gesetzentwurf, welcher die Justiz von der Verwaltung trennt (s. 23. Debr.) als Gesetz verkündet.
16.	1486	Wahl Kaiser Maximilian I.
16.	1814	Brand des großen Hospitals auf der Pfingstweide.
17.	1833	findet die Eröffnung des jetzigen Gebäudes des Städelschen Kunstinstituts statt.
18.	1341	empfiehlt Kaiser Ludwig IV. dem Jakob Knoblauch zu Frankfurt große Turnosen zu schlagen, deren 63 und 1/4 auf eine Frankfurtische Mark gehen.
18.	1560	wird Kaiser Ferdinands Münzordnung ausgerufen.
19.	1753	wird F. M. v. Klinger geboren.
20.	1278	meldet Rudolph von Habsburg von Wien aus der Stadt Frankfurt und den übrigen wetterauischen Reichsstädten, daß seine Unternehmungen erwünschten Fortgang haben und daß er ihre Gnaden, Freiheiten und Rechte nicht allein erhalten, sondern auch vermehren wolle.
21.	1779	wird F. K. v. Savigny geboren.
22.	794	befindet sich Carl der Große in hiesiger Stadt und datirt auch von diesem Tage die älteste Urkunde, welche den Namen Frankfurt erwähnt. Durch dieselbe Urkunde wird aber auch bewiesen, daß die königliche Niederlassung zu Franconofurt eine vor nicht zu

Februar.

		langer Zeit geschehene war, denn in dem Actum der Urkunde heißt es: Actum super fluvium Moin in loco nuncupato Franconofurt etc.
22.	1539	Eröffnung des Reichstags, an welchem von Herzog Heinrich von Braunschweig verhandelt wurde, welcher „viel verbrannt hatte."
22.	1849	Constituirung des „neuen" Bürgervereins.
23.	1568	Eintreffen einer englischen Botschaft von 50 Personen. Dieselbe wohnte im Wirthshaus zum „Krachbein" in der Fahrgasse, woselbst sie der Königin von England Wappen aufhängte. Das Haus führt seit dieser Zeit den Namen „König von England."
24.	1558	resignirt Karl V. auf den deutschen Kaiserthron.
27-28.	1784	große Ueberschwemmung der Stadt durch den Main. Das Wasser ging bis an die Schwanapotheke auf dem Römerberg.
27.	1813	ergeht eine großherzogliche Verordnung die Vertheilung der bisher in Masse vereinigten Schulden der vormaligen Reichsstadt Frankfurt zwischen Staat und Gemeinde betreffend.
28.	1616	werden auf dem Roßmarkt die Häupter des Aufstandes von J. 1614 hingerichtet, nämlich Vinc. Fettmilch, C. Schopp, C. Gerngroß, G. Ebel, A. Cantor, St. Wolff und H. Geyß.

März.

1.	1574	verordnet der Rath, daß „14 Kramläben an die Mauer auf dem Se. Bartholom. Kirchhofe für die Huth= macher und Häffner errichtet" werden sollen.
1.	1834	wird der Gesangverein „Liedertafel" gegründet.
1.	1848	wendet sich die Bundesversammlung „als das gesetz= liche Organ der nationalen und politischen Einheit Deutschlands" an die deutschen Regierungen und an das deutsche Volk, sie zur Eintracht auffordernd.
2.	1730	stirbt S. Th. Sömmerring.
3.	1681	ergeht eine Rathsverordnung, wonach ohne Censur nichts gedruckt und keine der Reichsruhe nachtheilige Bücher von Buchhändlern verkauft werden sollen.
3.	1848	verkündet die Bundesversammlung die Preßfreiheit.
4.	1357	ertheilt Kaiser Karl IV. hiesiger Stadt ein Privileg, worin derselbe beide Messen konfirmirt und die Fastenmesse mit den nämlichen Freiheiten, welche die Herbstmesse bisher gehabt, versehen wird.
7.	1837	Stiftungstag des Gesangvereins „Arion."
8.	1852	wird der gesetzgebenden Versammlung vom Senat ein neuer Verfassungsentwurf vorgelegt, der auch, frei= lich mit nicht unwesentlichen Modificationen, am 28. April die Genehmigung derselben enthielt.
9.	1814	legt die zu diesem Zweck niedergesetzte Commission einen ersten Entwurf zur neuen Verfassung dem Rathe und dem Bürger=Colleg zur Prüfung vor.

März.

9.	1817	wird das alte Local des Versorgungshauses eröffnet.
9.	1848	erklärt die Bundesversammlung den deutschen Reichsadler als das geschichtliche Symbol deutscher Einheit zum Wappen und schwarz-roth-gold zu Farben des deutschen Bundes.
10.	1766	ertheilt Kaiser Joseph II. hiesiger Stadt eine Generalconfirmation aller ihrer Privilegien und Freiheiten.
10.	1848	beschließt die Bundesversammlung die deutschen Regierungen aufzufordern „Männer des öffentlichen Vertrauens" nach Frankfurt zu senden, um daselbst die Bundesverfassung zu revidiren.
11.	1690	wird der Grundstein zum neuen St. Katharinen-Kloster gelegt, nachdem die im J. 1345 erbaute Kirche und das Kloster wegen Alters und Baufälligkeit abgerissen worden war.
12.	1281	ertheilt Wernher, Erzbischof von Mainz, allen Christgläubigen, welche den Karmelitern in Frankfurt zur Erbauung ihrer Kirche und ihrer Klostergebäude während der nächsten 5 Jahre Beistand leisten und an gewissen Festtagen die Karmeliterkirche besuchen, 40 Tage Ablaß.
14.	1558	wird Ferdinand I. in der St. Barthol. Kirche zum römischen Kaiser erklärt und ausgerufen.
14.	1732	Beendigung der Verfassungsrevision durch die zu diesem Zweck niedergesetzte kaiserliche Localcommission.
14.	1848	Eröffnung der Offenbacher Bahn.
15.	1815	ist der Stiftungsbrief des „Städel'schen Kunstinstituts" datirt.
17.	1367	gelobt Wenzeslaus von Böhmen, Herzog von Luxemburg, als Reichsvikarius, der Stadt Frankfurt jegliche bessere Privilegien, welche er irgend einer

März.

17.	1486	andern Stadt geben möge, ebenfalls zu geben; desgleichen sie wider die, welche dem Reich von Frankfurt vorflüchtig worden sind, zu schirmen und solchen Vorflüchtigen niemals Gnade zu erzeigen. errichtet Kaiser Friedrich III. dahier einen zehnjährigen Landfrieden.
17.	1793	Einweihung der deutsch-reformirten Kirche.
18.	1783	wird die Große Mutterloge des eklektischen Bundes gestiftet. (Dieselbe hieß bis 1823 Provinzialloge.)
25.	1848	erneuert die Bundesversammlung ihre Aufforderung zur Absendung von Männern des öffentlichen Vertrauens.
27.	1337	verspricht Kaiser Ludwig IV. dem Rath und der Stadt zu Frankfurt, daß weder er noch seine Nachkommen der Stadt Mainz oder einer andern Stadt Messe oder Markt geben sollen, welche den Frankfurter Messen schädlich sein möchten.
28.	1849	findet in der deutschen National-Versammlung die Wahl des Königs von Preußen zum deutschen Erbkaiser statt.
29.	1357	läßt Kaiser Karl IV. an den Landvogt der Wetterau, Ulrich III., den Befehl ergehen, den Gewandschneidern beim Frankfurter Rath zu ihrem Rechte zu verhelfen (Zunftstreitigkeiten.)
29.	1727	findet die erste Bürgermeisterwahl durch Kugelung statt.
29.	1764	wird Joseph II. zum Römischen König gewählt.
31.	1812	ergeht eine großherzogl. Verordnung über die Gleichstellung des Maaßes und Gewichtes in dem Großherzogthum Frankfurt.
31.	1834	wird die allgemeine Kranken- und Invalidenkasse für Buchdrucker gegründet.
31.	1848	Eröffnung des Vorparlaments.

April.

2.	1815	reist Lord Wellington, von Wien kommend, hier durch zur Armee.
3.	1764	wird Joseph II. als römischer König gekrönt.
3.	1833	findet das sogenannte Frankfurter Attentat (Sturm auf die Hauptwache) statt.
4.	1848	tritt der aus dem Vorparlament hervorgegangene 50er Ausschuß zusammen.
9.	1386	stirbt einer der hervorragendsten Bürger aus Frankfurts alter Geschichte, Sifried v. Bybenkapp oder von Marburg (Sifrid zum Paradies).
11.	1847	tritt der israelitische Frauenverein ins Leben.
12	977	bestätigt Kaiser Otto II. auf Bitte des Erzbischofs Willigis v. Mainz der kgl. Salvatorskapelle — später St. Bartholomäuskirche — das vom König Ludwig dem j. am 17. Nov. 880 erhaltene Diplom und gestattet den Chorbrüdern dieser Kapelle, sich aus dem Reichsforste mit dürrem Holz zu versehen.
12.	1325	willigt Wilhelm, Probst der St. Bartholomäuskirche zu Frankfurt, ein in die Erhebung der Kapelle auf dem Rossebühel zu einem unserer lieben Frau gewidmeten Kollegiatstifte.
12.	1785	wird Bettina Brentano geboren.
13.	1759	findet die Schlacht bei Bergen statt. (7j. Krieg.)
13.	1840	Eröffnung der Taunusbahn.

April.

14.	1521	kommt Dr. Martin Luther auf der Reise nach Worms in Frankfurt an und wohnt in Wolf Bronners Herberge zum Strauß auf dem Kornmarkt.
15.	1859	constituirt sich die „Saalbau=Actien=Gesellschaft."
16.	1750	ergeht von Rathswegen ein Verbot, benachbarte Höfe und Mühlen Trinkens halber zu besuchen.
17.	1525	bricht der Aufstand der Zünfte aus.
19.	1547	zieht Graf Büren ab, an seine Stelle kommt Graf v. Solms. (Schmalkaldischer Krieg.)
20.	1729	wird der Grundstein zur Hauptwache (am Schillerplatz) gelegt.
21.	1279	erlaubt Wernher, Erzbischof zu Mainz, auf Bitte der Dominikaner in Frankfurt dem Bischof Johann von Licovien, zwei Altäre in ihrer Kirche weihen zu dürfen und ertheilt denen, welche dieser Handlung beiwohnen, einen Ablaß.
22.	1797	versucht der französische General Lefevre mittelst Ueberrumpelung durch das Bockenheimer Thor in die Stadt einzudringen.
23.	1533	Einstellung des katholischen Gottesdienstes in Folge Forderung der Raths=Verordneten.
24.	1555	Ankunft der ersten Reformirten aus England, aus denen sich später im Verein mit den Niederländern aus Antwerpen die niederländische Gemeinde bildete.
25.	1330	erlaubt Kaiser Ludwig der Bayer den Frankfurter Bürgern jährlich in den Fasten einen 14tägigen Markt (Ostermesse) zu halten, mit allen Rechten, die ihr älterer Markt (Herbstmesse) hat, dergestalt, daß alle, welche diese Märkte besuchen, in des Reiches Frieden und Sicherheit sein sollen.

April.

27.	1521	trifft Martin Luther auf der Rückreise von Worms wieder ein.
27.	1808	erläßt der Fürst-Primas das die Errichtung einer Handelskammer betreffende Rescript.
28.	1567	wird die erste (bekannte) Justizsünde gegen die Presse verübt. Sie erzählt Lersner also: „An diesem Tag verlanget Ihre Kayserliche Majestät durch ein Schreiben, man solle die Thäter von einem außgegangenen Büchlein, intitulirt die Nachtigall, so allhier getrückt seye, in Arrest nehmen, und nach Wien überlieffern, darauff ist nach diesem Tag Hans Schmid von Koburg Buchdrucker, so damahls ein Bräutigam, im Brück-Hof auff einen Karren geschmid und nach Nürnberg geführt, wie man sagte ob hätte er dieses Buch getrucket; Nach zweyjähriger Gefangenschafft wird er in Wien durch ein offentlich Patent vor unschuldig erkant, und auff freyen Fuß gestellt."
29.	1297	inkorporirt Gerhard, Erzbischof von Mainz, in Folge einer Schenkung des Propstes Emercho, die Pfarrkirche in Oberursel der Stiftskirche zu St. Bartholomäi in Frankfurt.
29.	1662	wird A. A. von Lersner, der Verfasser der Frankfurter Chronik, geboren.

Mai.

1.	1364	verordnet Kaiser Karl IV. von Bautzen aus, daß man an allen Pforten der Stadt Frankfurt einen neuen Zoll zu seinen und des Reichs Nöthen und Kosten erheben solle, zugleich beauftragt er seinen Landvogt Ulrich von Hanau, daß er anordnen möge, von wem und wie dieser Zoll erhoben werden solle.
1.	1368	bitten Die von Zürich, Bern, Solothurn, Luzern und von Zug den Rath zu Frankfurt, einen Städtetag zu beschicken, welchen die rheinischen, schwäbischen und fränkischen Städte auf den 3. Juni zu Zürich halten wollen, um ihre Mißhelligkeiten mit Herzog Leopold von Oestreich zu berathen.
1.	1658	großes Ringel-Rennen auf dem Roßmarkt.
1.	1864	tritt die Gewerbefreiheit ins Leben.
2.	1707	Hauptschießen mit Musquet- oder Bürsch-Büchsen.
2.	1842	Stiftung des hiesigen Zweigvereins der Gustav-Adolph-Stiftung.
3.	1829	erste Verloosung des Frankfurter Kunstvereins.
4.	1633	Eintreffen des Reichskanzlers Oxenstierna zum Conventstag.
5.	1807	ordnet der Fürst-Primas die Wahl von zwei Deputirten für jedes der vierzehn Quartiere an.
6.	1428	ertheilt Kaiser Sigismund der Stadt das Privileg, silberne Münzen („auf Turnus, Englisch und Pfenning") schlagen zu dürfen.

Mai.

6.	1786	wird L. Börne geboren.
9.	994	schenkt Kaiser Otto III. den Chorbrüdern des heiligen Salvators im Castell Frankfurt und ihrem Abt Obert die königliche Fischereigerechtigkeit im Mainfluß, dergestalt, daß alle Fische, welche Freitags gefangen werden, den Beschenkten gehören sollen.
9.	1408	wird durch ein von Kaiser Ruprecht gewährtes Privileg die Zahl der Rathsherrn wieder auf 43 Personen festgesetzt. (Siehe 5. Februar.)
9.	1864	wird das von Dielmann modellirte Schiller-Denkmal enthüllt.
10.	1235	überläßt Kaiser Heinrich VIII. seinen getreuen Bürgern in Frankfurt zur sofortigen Wiederherstellung und ferneren Unterhaltung der hiesigen Brücke auf ewige Zeiten das halbe Einkommen von der Münze dahier und das nöthige Holz aus dem Reichswald.
10.	1848	Gründung des „alten" Bürgervereins.
10.	1850	Eröffnung der zufolge des österreichischen Circularschreibens vom 26. April 1850 zusammengetretenen Bundes-Plenarversammlung.
12.	1851	Wiedereröffnung der am 12. Juli 1848 aufgelösten Bundesversammlung.
13.	1193	schenkt Kaiser Heinrich VI. dem Frankfurter Schultheißen Wolfram wegen der treuen Dienste, welche derselbe ihm und seinem Vater, Kaiser Friedrich I., von Jugend an geleistet hat, seiner Frau Pauline und ihren Erben den Niederhof bei Frankfurt.
14.	1389	Schlacht bei Cronenberg.
15.	1852	Eröffnung der Main-Weser-Bahn.
16.	1616	brennt Niederrad bis auf wenige Häuser ab.
18.	1574	ist der (nachweislich) erste Sachsenhäuser Weinfäl-

Mai.

18.	1848	scher (er verdünnte den Wein mit Wasser), Namens Martin der Becker, eingezogen und mit 200 „gantzer Rthlr." bestraft worden.
löst sich der am 4. April zusammengetretene 50r Ausschuß auf und am gleichen Tag zieht die deutsche National-Versammlung in die Paulskirche ein.
20.	1853	legt der Senat dem gesetzgebenden Körper einen Gesetzentwurf vor, wodurch die Israeliten und Landbewohner zum Theil in ihre politischen Rechte eingesetzt wurden, insofern erstere wahlberechtigt, doch nur zu je vier in den gesetzgebenden Körper wählbar sein und ihnen auch der Zugang zu Staatsämtern mit Ausnahme des Senats, des 51r Collegs, der Richterstellen, der Kirchenämter und der Schulbehörden offen stehen, den aus den Landgemeinden in den gesetzgebenden Körper gewählten Mitglieder aber in der Regel die Theilnahme an allen Berathungen und Beschlüssen zustehen sollte.
27.	1782	stirbt der K. Rath J. C. Goethe.
29.	1320	bestätigt König Ludwig den Frankfurter Bürgern alle Rechte, Freiheiten und Gewohnheiten, die ihnen seine Vorfahren verliehen haben.
29.	1357	erhält die Stadt vom Kaiser Karl IV. eine Bestätigung, den Zoll und das Weggeld über die Mainbrücke betr.
29.	1608	ist in Niederrad die erste Kirchweihe gehalten worden.
30.	1438	Wahl Kaiser Albrechts.
30.	1849	hält die deutsche National-Versammlung in Frankfurt ihre letzte Sitzung.
31.	1336	ertheilt Kaiser Ludwig IV. den Bürgern zu Frankfurt das Privileg, daß sie das Gericht Bornheimer

Mai.

		Berg von Ulrich, Herrn von Hanau, dem es vom Kaiser versetzt worden, einlösen mögen.
31.	1504	zieht Landgraf Wilhelm mit seinem Heer durch hiesige Stadt (Krieg zwischen Hessen und der Pfalz).
31.	1849	hält die „deutsche Reichsversammlung" ihre letzte Sitzung in der Paulskirche.
—	1837	Eröffnung der hiesigen Blindenanstalt.

Juni.

		Vom Juni — Ende Juli 794 wurde hier unter Karl dem Großen eine Kirchenversammlung gehalten und Karl der Große hat von hier aus mehrere Urkunden, darunter eine vom 20. Juli datirt.
1.	1753	wird hier auf Veranlassung Friedrich II. Voltaire verhaftet.
1.	1845	fand die Gründung der hiesigen deutsch-katholischen Gemeinde statt.
2.	1372	verkauft Kaiser Karl IV. den Bürgermeistern, den Schöffen, dem Rath und den Bürgern zu Frankfurt sein Schultheißenamt und Gericht daselbst, sowie die Wälder, die man den Forst nennt, den Buchwald und das Lehen gelegen außerhalb Frankfurt über der Brücke um fl. 8000 mit Vorbehalt des Wiederkaufs um gleiche Summe.
2.	1836	Gründung des geographischen Vereins.

Juni.

3.	1612	Wahl des Kaiser Matthias.
6.	1349	wird Kaiser Günther, bem Tode nahe, nach Frankfurt gebracht.
6.	1415	um 12 Uhr wird der erste Grundstein zum Pfarrthurm durch die Aeltesten des Stifts unter Mitwirkung der drei Aeltesten des Raths gelegt. Dieselben waren Jakob Harber, Dekan, M. Nikolaus Gersung, Custos; Johann Eck, Canonicus; sodann Gerbert von Glauburg, Schöff; Heinrich von Holzhausen und Konrad Weis zum Löwenstein.
9.	1833	Einweihung der Paulskirche.
10.	1709	ist der Grundstein zum Neubau des „Deutschen Hauses" in Sachsenhausen gelegt worden.
11.	1844	wird die Versorgungsanstalt für ältere Männer und Frauen der israelitischen Gemeinde gegründet.
12.	1376	Wenceslaus zum römischen König gewählt.
12.	1376	verleiht Kaiser Karl IV. dem Siegfried zum Paradies und seinen Erben auf ewige Zeiten das Pferd, welches ein römischer König bei seiner Wahl zu Frankfurt zur Kirche und von dort in seine Herberge zu reiten pflegt.
12.	1838	wird die „Mozartstiftung" gegründet.
12.	1846	tritt der „Pestalozzi-Verein" ins Leben.
14.	1349	stirbt Kaiser Günther im Johanniter-Hof.
14.	1612	Krönung des Kaiser Matthias.
15.	1845	hält die neugegründete hiesige deutsch-katholische Gemeinde ihre erste öffentliche Erbauung.
16.	1628	kommt General Tilly mit 50 Pferden hier durch.
16.	1866	rücken die ersten gegen Preußen marschirenden Bundestruppen (großh. hessische) hier ein.
18.	1811	Verbrennung englischer Waaren durch die Franzosen (siehe 22. October).

Juni.

18.	1866	nimmt die Bürgerschaft durch ihre Abstimmung das organische Gesetz, betr. der Wahl und Zusammensetzung des gesetzgebenden Körpers, an.
20.	1815	ergeht nachfolgende Bekanntmachung des Senats:

"Als die Allerhöchsten verbündeten Mächte am 14. December des Jahres 1813 durch die Trennung hiesiger Stadt und deren Gebiets, von den übrigen Theilen des vormaligen Großherzogthums Frankfurt, hiesiger Bürgerschaft einen Beweis Allerhöchst ihrer Gnade zu ertheilen geruheten, erkannten Frankfurts Bürger mit dankbarer Rührung diese große Wohlthat, wodurch dieser Stadt eine Selbstständigkeit wieder gegeben wurde, der sie über sieben Jahre beraubt war.

Diese große, nicht genug zu verdankende Wohlthat, haben die Allerhöchsten Herrscher von neuem zu bestätigen geruhet, und in dem 80sten Artikel des Conferenz-Protokolls der Allerhöchsten Europäischen Mächte, wird hiesige Stadt wiederholt für frei und einen Theil des deutschen Bundes erklärt, auch in der am 8. Junius laufenden Jahres, zu Wien unterzeichneten deutschen Bundesakte diese freie Selbstständigkeit feierlich garantirt.

In Gefolge dieser feierlichen Garantie, ist von heute an der bisherige provisorische Zustand aufgehoben, und eine geregelte — dem Zeitgeist angemessene — auf die alte Reichsstädtische gegründete — Verfassung tritt an dessen Stelle. Die Funktionen des nach Anordnung der Allerhöchsten verbündeten Mächte bisher dahier bestandenen Hohen General-Gouvernements hören auf, und Frankfurts Staat steht frei und unabhängig gleich andern Staaten des deutschen Bundes da.

Wir beeilen uns gesammte Löbliche Bürger- und Einwohnerschaft hiervon in Kenntniß zu setzen, überzeugt, daß Sie die Dankgefühle gegen die Vorsehung, welche die Schicksale der größern so wie der kleinern Staaten mächtig und weise lenket, mit uns theilen, und durch reine Gottesfurcht und wahre Vaterlandsliebe Sich dieser Gnade immer würdiger zu machen, streben werde.

Juni.

Wir empfehlen bei dieser Gelegenheit, gesammter Löblicher Bürger- und Einwohnerschaft dieser freien Stadt, den ächten Bürgersinn, die Eintracht, und den Eifer für alles wahrhaft Gute, wodurch Sie Sich bisher die Achtung der mächtigsten Fürsten zu erhalten gewußt hat, und welchen Tugenden allein Wir die Wiedererhaltung unserer Selbstständigkeit verdanken — ferner zu erproben, indem nur darin die Sicherheit und das Wohl hiesigen gemeinen Wesens beruhet.

Eine neue, höchst wichtige Periode für unsere geliebte Vaterstadt, beginnt heute. Möge ein baldiger Friede Uns dieses Glückes in seinem ganzen Umfange genießen lassen. — Dieß sind unser aller Wünsche, deren gnädigste Erfüllung Wir der weisen Vorsehung vertrauensvoll anheim stellen."

20.	1853	nimmt der gesetzgebende Körper den vom Senat vorgelegten Gesetzentwurf betr. Einsetzung der Israeliten in ihre politischen Rechte (s. 20. Mai) an.
23.	1329	ertheilt Kaiser Ludwig IV. der Stadt ein Privileg, vermöge dessen die hiesigen Bürger und Einwohner um weltlicher Sachen willen vor keinem geistlichen Gericht belangt werden sollen.
24 & 25.	1840	vierte Säcularfeier der Erfindung der Buchdruckerkunst.
25.	1379	verpfändet Kaiser Karl IV. die hiesigen Juden der Stadt als Eigenthum um 15,200 Pfd. Heller = circa 1 Million Gulden, eine Summe, welche nie zurückgezahlt wurde.
26.	1719	Nachts zwischen 11 — 12 Uhr Beginn des großen Brandes, der bis zum 27. Nachmittags 5 Uhr dauerte und über 400 Häuser (in der Ziegel-, Bock-, Kornblumen-, Grauben-, Vogelgesangs-, Wildemanns-, Geis- und Trierische Gasse, Trierischer Hof, Stein-, Gelnhäuser-, Lindheimer-, Schnur-, Fahr-, Tönges- und Haasengasse) in Asche legte und bei dem 14 Personen verbrannten.

Juni.

26.	1815	Gefecht bei Selz.
27.	1742	Stiftungstag der Loge zur Einigkeit.
28.	1519	Wahl Kaiser Karl V.
28.	1552	Besetzung der Stadt durch kaiserliche Truppen (Kaiser Karl V. gegen Moriz v. Sachsen).
29.	1848	wird Erzherzog Johann in der National-Versammlung zum Reichsverweser gewählt.
30.	1349	ertheilt Kaiser Karl IV. der Stadt ein Privileg, daß sie im Nothfall einige Gülten oder Einkünfte gemeiner Stadt nach Befinden verkaufen oder verpfänden dürfe.
30.	1633	fand ein „über die maßen stattlich" Festessen auf dem Römer statt, gegeben von E. E. Rath zu Ehren „des Conventstag der Alliirten" (Evangelischen), worbei 2 Fuder Wein getrunken.
30.	1658	masquirtes Ringel-Rennen auf dem Roßmarkt.

Juli.

1.	1822	beginnt die Sparkasse ihre Thätigkeit.
4.	1866	werden in der Bundesversammlung 200,000 fl. zur Anlage von passageren Schanzen in der Umgegend Frankfurts bewilligt.
7. & 8.	1814	treffen die gegen Frankreich ausgezogenen Frankfurter Freiwilligen wieder ein.
7. & 8.	1848	Tumult und Aufstand in Sachsenhausen.

Juli.

9.	1814	übergiebt der Gouverneur Fürst von Reuß-Greiz die Stadt Frankfurt an ihre eign. provisorische Regierung.
10.	1254	ertheilt Erzbischof Gerhard von Mainz allen Denjenigen, welche zur Vollendung der Dominikanerkirche in Frankfurt beisteuern, und ihrer Einweihung beiwohnen, einen Ablaß.
10.	1816	nimmt der Senat den aus der Prüfung der Bürgerschaft hervorgegangenen Verfassungs-Entwurf (Constitutions-Ergänzungsacte) an.
11.	1240	verkündigt Kaiser Friedrich II., daß er alle und jede, welche die Frankfurter Messe besuchen, in seinen und des Reichs besonderen Schutz nimmt.
11.	1290	verpfändet König Rudolph dem Ulrich von Hanau und dessen Erben das Umgeld zu Frankfurt und zu Gelnhausen und die Juden in letzterer Stadt neuerdings um 500 Pfund.
11.	1658	Wahl Kaiser Leopold I.
11.	1848	zieht der Reichsverweser in Frankfurt ein.
11.	1866	Letzte Sitzung der Bundesversammlung in hiesiger Stadt, in welcher von Seiten Frankfurts gegen die Errichtung von Schanzen protestirt und von der Versammlung folgendes Schreiben an den hiesigen älteren Bürgermeister zu richten beschlossen wird:

"Die Bewegungen der feindlichen Truppen legen der Bundesversammlung die Pflicht auf, für die Freiheit ihrer Berathungen und den ungestörten Verkehr der Bundestagsgesandten mit ihren Regierungen Sorge zu tragen. Aus dem Ernste der Zeiten erwachsen der Bundesversammlung neue, schwere Obliegenheiten, die sie zu erfüllen fest entschlossen ist, und dieselbe glaubt es den im gemeinsamen Kampfe für Deutschlands Recht und Freiheit zusammenstehenden Regierungen und Völkern gleichmäßig schuldig zu sein, die oberste Bundesbehörde

Juli.

in freier Thätigkeit zu erhalten, da sie die Unauflöslichkeit des Nationalbandes und die Zusammengehörigkeit aller teutschen Länder in gesetzlicher Form vertritt.

„Sie hat daher beschlossen, ihren Sitz provisorisch nach Augsburg zu verlegen und das beim Deutschen Bunde beglaubigte diplomatische Corps einzuladen, ihr zu folgen.

"Indem sie Frankfurt zeitweilig verläßt, spricht sie ihre lebhafte Anerkennung der vaterlandstreuen Gesinnungen aus, welche diese freie Stadt durch manchen Wechsel der deutschen Geschicke unverändert bethätigt hat. Diese Gesinnungen wird Frankfurt bei seinem regen Gefühle für Deutschlands Größe und Freiheit auch ferner bewahren.

"Die in dieser Versammlung vertretenen bundestreuen Regierungen werden fest und ungebeugt zur Sache des Vaterlandes und des Rechtes gegen Sonderbund und Vergewaltigung stehen, und die Bundesversammlung darf daher im Vertrauen auf den endlichen Sieg der guten Sache die Hoffnung aussprechen, daß in den Mauern dieser an Erinnerungen deutscher Größe reichen Stadt sich die Vertreter der Fürsten und Völker zusammenfinden werden, um Deutschlands Macht und Freiheit dauernd zu begründen.

„Der Unterzeichnete hat die Ehre, im Namen der hohen Bundesversammlung Vorstehendes zur Kenntniß Seiner Hochwohlgeboren des älteren regierenden Bürgermeisters Herrn Senators Fellner zu bringen und ergreift zugleich diesen Anlaß zur erneuerten Versicherung seiner ausgezeichnetsten Hochachtung." Der Präsidial-Gesandte.

12.	1796	Beginn der Belagerung durch die Franzosen unter Kleber, die am 14. in Folge der Capitulation der Oesterreicher endete.
12.	1848	löst sich die Bundesversammlung auf.
13.	1282	bestätigt König Rudolph der Kapelle des heil. Bartholomäus zu Frankfurt und dem damit verbundenen Stiftungskapitel alle Privilegien, welche sie von seinen Vorfahren am Reiche erhalten haben.

Juli.

13.	1796	Brand der Judengasse in Folge des Bombardements durch die Franzosen.
13.-22.	1862	Feier des zweiten Deutschen Schützenfestes.
14.	1323	sendet Moritz, Abt des Schottenklosters zu Wien, dem Stiftskapitel des heil. Georg zu Frankfurt auf Bitte des Arztes Heinrich von Wienerisch-Neustadt die von diesem aus fernen Gegenden herbeigeschafften Reliquien des heil. Leonhard.
14.	1792	Krönungstag Franz II. zum deutschen Kaiser.
14.	1866	verlassen die Reste des Bundestags hiesige Stadt.
15.	1779	wird der Historiker A. Kirchner geboren.
15.	1814	trifft Kaiser Alexander, von Paris zurückkehrend, in hiesiger Stadt wieder ein.
15.	1866	erläßt der Senat folgende Proclamation:

Der Senat an die Bürgerschaft von Stadt und Land.

Der zwischen deutschen Bruderstämmen ausgebrochene Krieg droht auch das Gebiet der freien Stadt Frankfurt zu überziehen.

Die Hohe Deutsche Bundesversammlung, welche in hiesiger freien Stadt ihren Sitz hat, ist bereits zu dem Entschlusse gelangt, diese Stadt zeitweise zu verlassen.

Unsere Stadt ist eine offene Stadt und steht als solche unter dem Schutze des durch die Anerkennung aller Nationen geheiligten Völkerrechtes. Leben und Eigenthum der Bürger und Einwohner erscheinen daher in keiner Weise bedroht.

Dagegen fühlt der Senat in dieser verhängnißvollen Zeit sich gedrungen, der Bürgerschaft offen und freimüthig das Nachfolgende zu verkünden:

Der Senat wird treu zu dem Bunde stehen, der als unauflöslicher Verein gegründet ist und die Erhaltung der Unabhängigkeit und Unverletzbarkeit der einzelnen deutschen Staaten zum Zwecke hat. Derselbe hält aber eine Umgestaltung der

Juli.

Bundesverfassung, die Schaffung einer starken Centralgewalt und die Einsetzung einer wirksamen Vertretung des gesammten deutschen Volks für bringend geboten und wird sich freudig allen hierauf gerichteten Bestrebungen anschließen.

Es ist der feste Entschluß des Senats, bis zu glücklich erreichter Umgestaltung der Bundesverfassung die durch völkerrechtliche und Bundesverträge begründete und gewährleistete Unabhängigkeit und Unverletzbarkeit hiesiger freien Stadt zu wahren.

Mag dieser Entschluß auch unserer freien Stadt, diesem friedlichen Gemeinwesen, dieser Stätte des Handels und der Gewerbe, dieser Quelle des Wohlstandes und der Wohlthätigkeit, schwere Prüfungen auferlegen, so hegt doch der Senat die feste Zuversicht, daß die gesammte Bürgerschaft, in ihrem Rechtsgefühl und ihrer Treue für das Vaterland, ihm zur Seite stehe, und im Bewußtsein, das Rechte gewollt und Treue bewahrt zu haben, die Prüfungen, die über uns kommen können, standhaft ertragen werde.

Gott beschütze das deutsche Vaterland und die freie Stadt Frankfurt.

Frankfurt a. M., den 15. Juli 1866.

Bürgermeister und Rath
der freien Stadt Frankfurt.

16.	1796	besetzen die Franzosen hiesige Stadt.
16.	1846	Eröffnung der Main-Neckar-Bahn.
16.	1866	Abends rücken preußische Truppen der Main-Armee unter Vogel v. Falckenstein ein und gleichzeitig wird nachstehende Senats-Proclamation verkündet:

Der Senat an die Bürger und Einwohner von Stadt und Land. Königl. preußische Truppen werden in unserer Stadt und deren Gebiet einrücken. Dieser Einmarsch erfolgt unter Verhältnissen, welche wesentlich verschieden von denjenigen sind, unter welchen königl. preußische Truppen noch vor kurzer Zeit friedlich bei uns gewohnt haben. Der Senat beklagt den Wechsel, der in den Verhältnissen eingetreten ist. Bei der Größe der Opfer, von welchen dieser Wechsel bis jetzt

Juli.

schon begleitet war, verschwindet die Belastung, welche der Stadt und dem Lande bevorsteht. Den Bürgern und Einwohnern ist es bekannt, daß die Disciplin der königl. preußischen Truppen musterhaft ist. Der Senat ermahnt unter diesen Umständen die Bürger und Einwohner von Stadt und Land zur freundlichen Aufnahme der königl. preußischen Truppen."

17.	1552	Anfang der Belagerung Frankfurts durch Kurfürst Moritz v. Sachsen, die bis zum 9. August dauert.
17.	1776	Morgens 3 Uhr wird die Kirche zu Bornheim durch einen Blitzstrahl entzündet; das Feuer selbst bricht aber erst Morgens um 8 Uhr aus und legt die Kirche sammt dem Thurm in Asche.
17.	1796	legt der französische General en Chef der Sambre- und Maas-Armee Jourdan der Stadt Frankfurt eine Kriegscontribution von 6 Millionen Livres in klingender Münze und 2 Millionen in verschiedenen Materiallieferungen auf. Am gleichen Tage werden 100 Pferde requirirt.
17.	1866	erklärt der Commandant der preußischen Main-Armee, General Vogel v. Falckenstein die Regierungsgewalt auf seine Person übergegangen, unterdrückt sechs Frankfurter Blätter (Neue Frankfurter Zeitung, Postzeitung, Tagblatt, Volksfreund, Abendblatt und Frankfurter Laterne) und läßt die zwei Frankfurter Senatoren Frhr. v. Bernus und Speltz verhaften.
17&18.	1816	stimmt die Bürgerschaft über die Constitutions-Ergänzungsacte ab.
18.	1866	fordert der preußische General Vogel v. Falckenstein von der Stadt Frankfurt 300 gut gerittene Reitpferde und eine Jahreslöhnung für die Main-Armee im Betrag von 5,747,008 fl. 45 kr. Am gleichen

Juli.

		Tage werden die Senatoren Fellner und Müller von dem General zu Bevollmächtigten für die Regierung der Stadt Frankfurt ernannt.
19.	1816	publicirt der Senat die Constitutions-Ergänzungsacte.
19.	1866	wird die geforderte Jahreslöhnung von 5,747,008 fl. 45 kr. von der Frankfurter Bank an das preußische Obercommando ausgezahlt, findet die Entwaffnung des hiesigen Linienbataillons statt, erscheint das hiesige Amtsblatt zum letzten Mal, als Organ der freien Stadt Frankfurt und nimmt Vogel v. Falckenstein Abschied von der Main-Armee, als deren Oberbefehlshaber jetzt v. Manteuffel fungirt.
20.	1658	findet hier ein großes Turnier statt.
20	1866	beginnt der neuernannte Commandant der Main-Armee General v. Manteuffel seine großen Naturalien-Requisitionen und fordert 25 Millionen Gulden durch folgendes auf einen einfachen Briefbogen geschriebenes Billet:

An die Regierungsbevollmächtigten
Herren Fellner und Dr. Müller,
Hochwohlgeboren,
hierselbst.

Ew. Hochwohlgeboren werden hierdurch aufgefordert, zu veranlassen, daß eine Kriegscontribution von 25 Millionen Gulden binnen 24 Stunden an die Feldkriegskasse der Main-Armee hier einbezahlt wird.

Hauptquartier Frankfurt a. M., den 20. Juli 1866.
Der Oberbefehlshaber der Main-Armee
(gez.) Manteuffel.

(Siehe das Handbillet Augereau's unter dem 4. März.)

| 21. | 1866 | wird der preußische General v. Röder Stadtcommandant. |

Juli.

22.	1342	wächst der Main so stark an, daß fast die ganze Stadt unter Wasser steht. Die Bewohner von Sachsenhausen flüchten auf den Mühlberg und schlagen dort Hütten auf; die Bewohner von Frankfurt retten sich theils auf den Röderberg theils in die nächsten Ortschaften. In der St. Nikolaikirche steht das Wasser 9 Fuß hoch, in der ehemaligen Barfüßerkirche 4, in der Weißfrauenkirche 9 und in der St. Leonhardskirche geht das Wasser bis an den Schwibbogen. Das Wasser führt die Brücke sammt dem Thurm zu Sachsenhausen, wie auch den Pfeiler mit der darauf stehenden Kapelle hinweg, so daß nur sechs Bögen gegen Frankfurt zu stehen bleiben. (Die Ueberschwemmung dauert bis zum 25.)
22.	1658	Krönung Kaiser Leopold I.
22.	1807	besucht Napoleon zum ersten Mal Frankfurt.
23.	1340	wird die Kirche zu den heil. drei Königen in Sachsenhausen vollendet.
24.	1334	beurkundet Kaiser Ludwig IV., daß Jakob Knoblauch außer den früheren 1200 Pfund Heller nochmals 1200 Pfund Heller an dem Saal zu Frankfurt verbaut habe und schlägt ihm auch noch diese zweiten 1200 Pfund Heller auf die Pfandsumme des Saales.
24.	1349	zweite durch die Geißelbrüder und Judenschläger vollführte Judenschlacht.
24.	1818	constituirt sich der Cäcilienverein.
24.	1866	beginnen die Zwangsmaßregeln des preußischen Generals v. Manteuffel gegen die Mitglieder der städtischen Körperschaften wegen verweigerter Zahlung der verlangten Contribution von 25 Millionen,

Juli.

		Am gleichen Tage in der Frühe wird der seitherige ältere Bürgermeister, Senator Fellner, todt in seinem Zimmer gefunden.
27.	1310	bestätigt und erneuert Kaiser Heinrich VII. den Frankfurter Bürgern alle Rechte, Freiheiten und Gnaden, welche denselben seine Vorfahren am Reiche verliehen haben.
28.	1796	werden als Geißeln für die geforderte Contribution 8 hiesige Magistratsmitglieder von den Franzosen verhaftet und fortgeführt.
28.	1814	trifft hier der König von Preußen, von Paris zurückkehrend ein, und wohnt im ehem. Weidenhof.
28.	1866	wird der preußische Landrath v. Madai zum Civil-Commissär in hiesiger Stadt ernannt.
29.	1306	belehnt König Albrecht den Frankfurter Schultheißen Volrad mit zwei und einer halben Mark jährlicher Einkünfte von dem Marktrecht in Frankfurt, mit Vorbehalt der Wiedereinlösung.
29.	1608	brennt die vor dem Bockenheimer Thor gelegene Kirche der niederländischen Gemeinde ab.
29 & 30.	1838	großes Sängerfest.
31.	1633	wird dahier auf dem Römer ein Convent von den vier obern Kreisen und evangelischen conföderirten Ständen gehalten.
31.	1866	verlangt die preußische Militär-Verpflegungscommission weitere 122 Reitpferde von hiesiger Stadt.

August.

1.	1294	verleiht und bestätigt König Rudolph den Frankfurter Bürgern alle Rechte, Freiheiten und Gnaden, welche denselben von Kaiser Friedrich und andern vor diesem verliehen worden.
1.	1666	wird Philipp Jacob Spener, welcher bis dahin Freiprediger in Straßburg gewesen, hierher berufen.
2.	1291	kommen Schultheiß, Schöffen, Rathmannen und die Frankfurter Bürger mit den Deutschordensbrüdern überein, daß die Güter, welche dieselben dermalen besitzen, gegen eine jährliche Abgabe von zwei Mark zur Mainbrücke steuerfrei, dagegen künftig zu erwerbende Güter derselben steuerpflichtig sein sollen. Zugleich werden die Steuerverhältnisse derjenigen festgestellt, welche sich zu den Deutschordensbrüdern begeben und innerhalb ihres Hofes in Sachsenhausen wohnen.
3.	1840	Stiftungstag des Gesangvereins „Liederverein".
4.	1649	wird dahier wegen des Abschlusses des westphälischen Friedens ein großes Dankfest gehalten.
5.	1246	findet zwischen dem erwählten Könige Konrad und dem Gegenkönige Heinrich Raspe im Felde vor Frankfurt ein Treffen statt, worin letzterer den Sieg davon trägt.
6.	1700	spielen zum ersten Mal französische „Operisten" dahier in einer Hütte auf dem Roßmarkt. Eine Person „so da stunde" zahlte 6. „Patzen," zu sitzen 45 Kr., eine „Logis" 2 fl.

August.

6. & 7.	1796	werden weitere 18 Geißeln für die geforderte Contribution von den Franzosen aufgegriffen und fortgeführt.
7.	1635	Beginn des Kampfes zwischen den kaiserlichen Truppen unter dem Generalwachtmeister v. Lamboy und den Schweden unter Gen.-M. Vitzthumb um den Besitz von Sachsenhausen, der mit dem Abzug der Schweden am 11. August endete. (30j. Krieg.)
7.	1806	wird anläßlich eines Feuerwerks, welches der französische Marschall Augereau zu Ehren des Geburtsfestes des Kaisers Napoleon veranstaltete, das hiesige Hochgericht abgebrochen.
8.	1743	erläßt Kaiser Karl VII. ein Diplom, worin dem hiesigen Schöffenrath das Ehrenwort Edel und dem ganzen Rath Edel und Ehrsam, dem Schultheiß, den sieben ältesten Schöffen und dem ältesten Syndikus aber das Prädikat: Wirkliche kaiserliche Räthe „für immer" ertheilt wurde.
8.	1858	wird der Zoologische Garten eröffnet.
9.	1254	bestätigt König Wilhelm, (Graf v. Holland) den Frankfurtern alle Freiheiten und Rechte, deren sie sich bisher erfreuten.
9.	1298	wird Albrecht von Oesterreich zum König ausgerufen.
9.	1338	werden die Karmeliter-Mönche verjagt.
10.	1254	befreit König Wilhelm die Frankfurter Bürger von der Verpfändung an die Edlen der Umgegend und verspricht ihnen, sie nicht ferner mehr vom Reiche veräußern lassen zu wollen.
11.	1620	kommt General Graf v. Solms mit Reiterei und Fußvolk hier durch.

August.

12.	1347	verspricht Kaiser Ludwig IV. den Juden zu Frankfurt von nun an bis nächsten Martini und dann während zwei Jahren keine Betsteuer noch sonst etwas von ihnen zu fordern, desgleichen von ihnen Recht zu nehmen vor Schultheiß, Schöffen und Rath zu Frankfurt, denen es obliegen soll, sie zu schirmen.
12.	1852	läßt sich die Bundesversammlung dahin vernehmen, daß die durch Gesetze vom 19. October 1848 und 20. Februar 1849 beschlossene politische Gleichstellung aller Staatsangehörigen, der Juden, Landbewohner und Beisassen, mit den eigentlichen Frankfurter Bürgern, und die dadurch herbeigeführte Veränderung der Verfassung von 1816 in Betreff der Wahlen zum gesetzgebenden Körper als nicht auf legalem Weg herbeigeführt zu erachten seien und spricht die Erwartung aus, daß etwa nothwendige Aenderungen jener vom Bundestag noch als zu Recht bestehenden Verfassung nur auf dem in der Constitutionsergänzungs-Acte vom 19. Juli 1816 vorgeschriebenen Wege bewirkt werden würden. In Folge dessen zog der Senat die am 8. März d. J. zwischen ihm und dem gesetzgebenden Körper vereinbarte neue Verfassung zurück. (Siehe 5. Oct.)
14.	1468	wird die „Urschützengesellschaft" gegründet. Dieselbe, früher Bogen- resp. Armbrust-Schützen, hatte ihren Schießplatz auf dem heutigen Wollgraben, später im Hirschgraben. Die älteste mit Pulver und Blei geschossene, noch im Besitz der Urschützen befindliche Scheibe, datirt von 1611.
14.	1843	wird der Grundstein zum Christ'schen Kinderhospitale gelegt.

August.

14.	1854	hat sich der allgemeine Frauenverein zur Wohlthätigkeit constituirt.
15.	1800	werden behufs Gelderpressung (800000 Franken) circa 2000 Mann französische Truppen durch Augereau in hiesige Stadt gelegt.
15.	1863	Eintreffen des Kaisers von Oesterreich und der übrigen fürstlichen Theilnehmer am Fürstentag.
15.	1867	Brand des Doms (Bartholomäuskirche) und des Pfarrthurms.
	1349	bekennt Ulrich, Herr von Hanau, Landvogt in der Wetterau, von Bürgermeistern, Schöffen und Rath zu Frankfurt das Schultheißenamt daselbst von des Reicheswegen um 800 Pfund Heller gelöst zu haben.
16.	1825	wird das neue Bibliotheksgebäude eröffnet.
16. —1.Sept.	1863	Deutscher Fürstentag.
16.	1866	geht dem preußischen Abgeordnetenhaus der Gesetzentwurf zu, durch welchen die Einverleibung Frankfurts in die preußische Monarchie ausgesprochen wird.
17.	1807	Stiftungstag der Loge zur „Morgenröthe". (Installirt den 12. Juni 1808.)
17.	1863	großes von der Stadt zu Ehren der anwesenden Fürsten gegebenes Bankett im Kaisersaale, darauf Feuerwerk. (Fürstentag.)
19.	1806	Letzte Sitzung des Senats, vor Einverleibung der Stadt in das Großherzogthum Frankfurt, in welcher jene, in der Geschichte Frankfurts denkwürdige Proklamation beschlossen wird, welche der Senat mit der Bemerkung bekannt macht, daß während des ganzen Zeitraums der letzten stürmevollen vierzehn

August.

Jahre sein stetes und eifrigstes Bestreben dahin gerichtet gewesen sei, die freie und selbstständige Verfassung der hiesigen Stadt zu retten, und daß er unter den unablässigen Aufopferungen, Kriegs- und Kontributionslasten der hiesigen Bürger aus bestimmten und mehrmals wiederholten Zusicherungen der französischen Regierung die beruhigende Hoffnung geschöpft habe, daß die Erhaltung der freien Verfassung Frankfurts mit keiner Gefahr bedroht sei. „Nichtsdestoweniger", fährt der Senat in der Proklamation fort — „haben die neuesten Ereignisse ein anderes Schicksal unabwendbar herbeigeführt; denn wir sehen uns vermüssigt, unseren geliebten Mitbürgern bekannt zu geben, daß der kais. französische Herr Generalcommissarius Lambert kraft eines zwischen Ihro des Kaisers und Königs Napoleon Majestät und des durchlauchtigsten Fürsten Primas Hoheit abgeschlossenen Vertrags, zur Besitznehmung der hiesigen Stadt für höchstgedachte Ihro Hoheit bevollmächtiget zu seyn, gegen uns erklärt, dabei aber sowohl uns als alle andere Diener des hiesigen gemeinen Wesens zu Fortsetzung der ihnen obliegenden Amts- und Dienstverrichtungen ausdrücklich angewiesen und autorisirt hat.

Wenn der Gedanke Vermessenheit seyn würde, einem Schicksale widerstreben zu wollen, daß durch die großen Weltbegebenheiten unserer Tage über Frankfurt nicht minder als über so viele größere Staaten unaufhaltsam herbeigeführt worden ist; so darf es, sowohl uns selbst, als der unserer Leitung bisher anvertrauten Löblichen Bürgerschaft zu nicht gerin-

August.

ger Beruhigung gereichen, daß weder Verschulden oder Vernachlässigung von unserer, noch Mangel an Bürgersinn und Treue von ihrer Seite, Ursache dieser Katastrophe gewesen seyn könne.

Mit Ergebung in das, was Gesetz einer unabwendbaren Nothwendigkeit ist, ermahnen wir daher unsere sämmtlichen Mitbürger, Angehörigen und Untergebenen, sich der obgedachten Verfügung einer höheren unwiderstehlichen Macht nicht nur ruhig zu unterwerfen, sondern auch die einem Jeden, nach den bestehenden Gesetzen, Verordnungen und Anstalten, auch Amts=Dienst=Verhältnissen obliegenden Verbindlichkeiten, bis zu anderweitiger höchster Verordnung, forthin getreu und gewissenhaft, bei Vermeidung eigener Verantwortlichkeit, auch gesetzmäßiger Ahndung zu erfüllen."

19.	1863	Festvorstellung zu Ehren der anwesenden Fürsten im Theater (Fürstentag.)
19.	1866	übernimmt Frhr. v. Patow als „Civil=Gouverneur" die obere Leitung in hiesiger Stadt.
20.	1400	wird das Absetzungsdecret Kaiser Wenzels unterzeichnet.
22.	1614	Plünderung der Judengasse durch den Pöbel und die Handwerksgesellen.
23.	1843	Stiftungstag des Gesangvereins „Teutonia".
24.	1239	beurkundet Lindolf, Bischof von Razzeburg die Frankfurter Kirche zu Ehren des Heilands Jesus Christus und des heil. Bartholomäus eingeweiht zu haben, verlegt die jährliche Feier dieser Einweihung auf den jedesmaligen nächsten Sonntag vor Mariä Himmelfahrt und verleiht allen, welche dieser bei=

August.

		wohnen und Almosen zum Kirchenbau spenden 40 Tage Ablaß.
24.	1724	wird das nach Eintreten Frankfurts in den Zollverein wieder aufgehobene (1. Januar 1837) Thorsperrgeld eingeführt.
27.	1346	beurkundet Kaiser Ludwig, daß Walther von Kronenberg das Schultheißenamt zu Frankfurt von Friedrich von Hutten um 800 Pfund Heller gelöst hat und versetzt es ihm und seinen Erben um diese Summe.
27.	1420	wird Ritter Bechtram v. Vilbel vor dem Bockenheimer Thor enthauptet.
28.	1619	Wahl Kaiser Ferdinand II.
28.	1749	wird J. W. Goethe geboren.
28-31.	1799	werden unter nichtigem Vorwand und Behufs Gelderpressung die Thore von französischen Truppen gesperrt und Niemand aus der Stadt gelassen.
30.	1414	erneuert und konfirmirt Sigismund das vom Kaiser Karl IV. im Jahre 1349 der Stadt ertheilte Meßprivilegium.
30.	1681	wird durch ein Rathsdecret der Bürgerschaft kund gethan, daß der kaiserliche und französische Friedenscongreß hierher komme, weswegen sich Jedermann friedlich und ehrerbietig aufführen soll.
31.	1771	wird Joh. Wolfgang Goethe, beider Rechte Licentiat, in die Zahl der hiesigen Advocaten recipirt und in Eidespflichten genommen.

September.

2. | **1863** | erläßt der ältere Bürgermeister mit Bezug auf den stattgehabten Fürstentag folgende Bekanntmachung:

In dem Protokolle der Conferenz der in unserer Stadt versammelten deutschen Fürsten und freien Städte vom 1. September 1863 findet sich der nachfolgende Eintrag:

„Auf Antrag Seiner Kaiserlich-Königlich-Apostolischen Majestät wurde der mitanwesende Bürgermeister von Frankfurt, Dr. Müller, von der ganzen erlauchten Versammlung ersucht, bei dem Senate und der Bevölkerung Frankfurts dem Dankgefühl aller Mitglieder des Fürstentages für die gastfreundliche und herzliche Aufnahme, die sie in der freien Stadt gefunden, Ausdruck leihen zu wollen."

Dem unterzeichneten älteren Bürgermeister gereicht es zur besonderen Ehre, seinen Mitbürgern in Allerhöchstem Auftrage hiervon Kenntniß zu geben. Er kann aber auch nicht unterlassen, bei diesem Anlasse die Worte hier zu verkündigen, mit welchem Seine Kaiserlich-Königlich-Apostolische Majestät, Kaiser Franz Joseph, die Wahl hiesiger Stadt zum Sitze der Conferenz anher anzuzeigen geruht hat. Sie lauten:

„Auf Kräftigung des Bundesprinzips gerichtet, würde der Zweck dieser Zusammenkunft schon in der Wahl des Ortes einen passenden Ausdruck finden, wenn diese Wahl auf Ihre Stadt fiele, und Ich richte an alle Mitglieder des Bundes um so lieber den Vorschlag, Mir in Frankfurt zu dem bezeichneten heilsamen Zwecke die Hand zu reichen, als es Mir erfreulich sein wird, die freie Stadt, die ihre patriotische Anhänglichkeit an die gemeinsame Sache Deutschlands niemals verleugnet hat, bei diesem ihrer Gastfreundschaft so würdigen Anlasse zu besuchen."

September.

Möge der Allmächtige, was die Conferenz erstrebt, zum Wohle des Gesammtvaterlandes zu.n Abschlusse führen!

Frankfurt aber, die freie Stadt des deutschen Reiches, möge des Zeugnisses sich erfreuen, daß sie der hohen Ehre würdig sich erwiesen hat, zum Sitze der zu großer Aufgabe berufenen erhabenen Conferenz erwählt zu sein.

Frankfurt a. M., den 2. September 1863.

(gez) Müller.

3.	1571	fängt der Rath an Silber zu eigenen Münzen schmelzen und schlagen zu lassen.
3.	1763	bestätigt der Schöffenrath ihrem ganzen Inhalt nach „die von dem Hochgelahrten Doctore und Physico Senckenberg errichtete Willens-Meynung und unwiderrufliche Stiftung."
5.	1815	stirbt der Schöpfer unserer Anlagen, J. Guiollett.
7.	1268	bestätigt Pabst Clemens IV. dem Stiftskapitel zu Frankfurt alle seine Freiheiten und Immunitäten.
7.	1592	ergeht die Verordnung, daß alle Meßzahlungen längstens zu Ausgang der zweiten Meßwoche geschehen sollen.
8.	1257	bestätigt König Richard den Bürgern von Frankfurt im Allgemeinen ihre Freiheiten, Rechte und Privilegien, sowie ihre hergebrachten Gewohnheiten, insbesondere aber gestattet und verspricht er ihnen Einzelnes in Bezug auf Ehezwang, Gefangennehmung einzelner Bürger, Unveräußerlichkeit vom Reiche, Steuerpflichtigkeit der Güter, Abschaffung der Vogtei und Einkünfte der Brücke.
8.	1796	ziehen die 54 Tage hier gelegenen französischen Truppen wieder ab und die Stadt wird durch Oesterreicher besetzt.

September.

9.	1619	Krönung Kaiser Ferdinand II.
9.	1778	wird Clemens Brentano geboren.
9.	1806	ergreift der Fürst-Primas unter nachfolgenden Feierlichkeiten Besitz von Frankfurt:

Am 8. Abends schon kündigt der Donner der Kanonen den denkwürdigen Tag an, und am 9. früh wurden ebenfalls wieder mehrere Kanonenschüsse gelöst. Gegen 10 Uhr versammelte sich der Magistrat mit allen Kollegien, in dem großen Römersaale. Bald darauf erschienen die Kommissäre des Fürsten Primas, der geheime Legationsrath von Roth und der Direktorialrath Izstein. Die Uebergabe der Stadt geschah durch den Generalkommissär Napoleons Lambert. Der Verbalprozeß (Protokoll) über die Besitzergreifung selbst wurde von beiden Theilen nach gehaltenen Reden unterzeichnet. Nach vollendeter Besitzergreifung erschien der Staatsminister des Fürsten Freiherr von Albini, und die gesammten Autoritäten wurden provisorisch bestätigt.

Folgendes Patent wurde überall angeschlagen:

Wir Carl von Gottes Gnaden Fürst Primas der Rheinischen Conföderation, souverainer Fürst von Regensburg und Aschaffenburg ꝛc. ꝛc.

Nachdem in Gefolge der errichteten rheinischen Conföderation, Uns die Stadt Frankfurt nebst dem dazu gehörigen Gebiete mit voller Souverainität zu Theil geworden, Uns auch die Souverainität über das auf der rechten Mainseite gelegene fürst- und gräflich Löwenstein-Werthheimische Gebiet und die Grafschaft Rieneck samt den in Unsere bisherigen und den ebengenannten neuerlich zugefallenen Landen eingeschloßenen reichs-ritterschaftlichen, Teutsch- und Malthäser-

September.

9. | **1806** | Ordens-Besitzungen, auch dahin angränzenden ritterschaftlichen Gütern überwiesen und von Kaiserlich-Königlich-Französischer Seite in wirklichen Besitz übergeben worden ist: so finden Wir Uns gegenwärtig bewogen, die volle Souverainität über die Stadt Frankfurt, derselben Umfang und Gebiet sowohl, als auch die Souverainitätsrechte über die übrigen vorgedachten Länder, Herrschaften und Besitzungen, in wirkliche Ausübung zu bringen, befehlen demnach und wollen, daß von nun an die Souverainität darin in Unserem Namen ausgeübt und verwaltet werde.

Wir bestätigen zugleich provisorisch alle öffentliche Authoritäten und Beamten in ihren Amtsverrichtungen, von welchen insgesammt Wir Uns eine fortgesetzte treue Pflichterfüllung versprechen. Unser eifrigstes und unermüdetes Bestreben wird sein, mit landesväterlicher Sorgfalt für das Wohl dieser Unserer neuen Unterthanen, welche in vorbesagter Maaß Unserer Souverainität unterworfen sind, zu wachen, mit gewissenhafter Genauigkeit eine gleiche Gerechtigkeitspflege zu handhaben, und allen Klassen der Bürger Unsern landesherrlichen Schutz angedeihen zu lassen, von welchen Wir Uns versehen, daß dieselben Uns mit jener Treue, Anhänglichkeit und Gehorsam werden zugethan seyn, die Wir mit Recht zu erwarten haben, und welche vereint mit Unseren Bemühungen die sicherste Bürgschaft des allgemeinen und individuellen Glückes gewähren.

In Urkunde Unsrer Höchsteigenhändigen Unterschrift und beigedrückten geheimen Hofkanzley-Insiegels.

Aschaffenburg, den 20. August 1806.

(L. S.)   Carl.

v. t. Freiherr von Albini.

Publicatum Frankfurt, den 9. September 1806.

September.

1806

Das Besitzergreifungs-Protocoll hat folgenden Inhalt:

Actum Frankfurt am Main auf dem Römer mane, den 9. September 1806.

Praesentibus

von Sr. Hoheit des Fürsten Primas
Herrn Geheimen Legationsrath v. Roth,
Herr Direktorialrath Izstein
und
Justiz-Senats- und Kommissions-Sekretär Fertig.

Nachdem auf vorgängige mehrere mündliche Besprechungen mit dem k. k. franz. Generalkommissair, Herrn Lambert, und nach wechselseits geschehener Auswechslung der Vollmachten benannter Herr Kommissair den Tag zur Besitznahme der Stadt Frankfurt nebst Gebiet vermög eines an neben benannte Herren Kommissarien entlassenen Schreibens vom 5. dieses, auf Dienstag den 9. September l. J. bestimmt hat, so begaben sich dieselben diesen Morgen zu gedachtem Herrn Kommissair nach dessen geäußertem Wunsche in sein Logis, in dem Gasthofe zum Englischen Hof genannt, und fuhren nach 10 Uhr in zwei Chaisen der k. k. Herr Kommissär mit seinem Sekretär besonders und nebenbenannte nach ihm an den Römer.

Hier wurden dieselben von dem allda postirten französischen und Frankfurter Militär salutirt, die Trommeln gerührt; und von einer Magistratsdeputation beim Aussteigen empfangen und in dem angeordneten Saale auf dem Römer eingeführt.

In diesem Saale waren in ihrem Amtscostüme sämmtliche Magistratspersonen und die Mitglieder des bürgerlichen Colegii der sogen. 51er — nebst dem Chef des Frankfurter Militärs versammelt; auch fand sich der ganze Generalstab des k. k. franz. Herrn Marschalls Augereau, welcher selbst aber wegen Unpäßlichkeit nicht beiwohnen konnte nebst mehreren k. k. franz. Offiziers und sonstige viele Personen allda ein.

Herr Kommissär Lambert und die diesseitigen Herren Kommissarien nahmen ihren Sitz an einem oben in dem Saal besonders emporgestellten Tische, wo Herr Kommissär Lambert den mittleren Sitz — die diesseitigen Herren Kommissarien zur Rechten — und der k. k. franz. Herr Gesandte Bacher zur linken Seite desselben Platz nahmen.

September.

9. | 1806 | Herr Kommissär Lambert, nachdem er vorerst erklärt hatte, daß alle Verträge und die Verhandlungen in franz. und deutscher Sprache abgelesen werden würden, eröffnete den Besitznehmungsakt mit einer wohlverfaßten Rede, worin im Allgemeinen die Großthaten des Stifters der rheinischen Konföderation und die Vortheile geschildert wurden, welche hieraus für diesen Staat noch zu erwarten seien, und die insbesondere Frankfurt unter der Regierung seines neuen Fürsten sich zu versprechen habe. Hierauf wurden durch den franz. Sekretair beiderseitige Vollmachten, sowie auch der Procès verbal verlesen.

Und nachdem nun auch all dieses in deutscher Sprache vorgetragen war, wurde der Procès verbal zuerst von dem k. k. Herrn Kommissär Lambert — dann von den Fürst Primatischen Kommissarien in sechs Ausfertigungen unterzeichnet, und gesiegelt; hierauf erstatteten letztere, Namens Ihres höchsten Souveränes, dem Beschützer der Rheinischen Konföderation, Kaiser und König Napoleon den öffentlichen Dank; ein gleiches beobachteten dieselben gegen den Fürsten von Neuchatel und Valengin als bevollmächtigten Minister zur Auswechslung der Ratifikationen des Vertrags vom 12. Juli l. J. und vereinigten damit den Ausdruck der besonderen Erkenntlichkeit gegen den k. k. franz. Besitz-Einweisungs-Kommissär Herrn Lambert. Es schien zugleich zweckmäßig, die Rede des k. k. Herrn Kommissärs Lambert zu erwiedern und die glücklichen Aussichten zu entwickeln, welche aus der neuen Ordnung der Dinge im Allgemeinen und insbesondere für die Stadt Frankfurt hinsichtlich der vortrefflichen Gesinnungen ihres neuen Regenten zu erwarten sind.

All dieses bezweckte die von den diesseitigen Herren Kommissarien in franz. Sprache gehaltenen Reden, welche vorberührtermassen hierauf auch in Deutsch verlesen wurde.

Diesemnach legte man den Bürgermeistern und Rath die Vollmachten zur Übernahme des Besitzes, und der damit in Verbindung stehenden Verfügungen vor, und ließ solche durch den Kommissionssekretär vorlesen. Ein gleiches geschah auch mit den Patenten; die Affigirung derselben an allen her-

September.

9. | **1806** | förmlichen Orten wurde den Bürgermeistern aufgetragen, zugleich aber auch verfügt, daß solche alsbald an der Thür des Rathhauses (Römer) durch den Secretarium commissionis angeheftet werden sollten, welches derselbe in Beisein eines Frankfurter Offiziers sogleich bewirkte.

Auf Aufforderung der Fürst Primatischen Herren Kommissarien wurde von den Bürgermeistern Anton Ulrich Carl v. Holzhausen und J. Isaac Hofmann und dem Senior der bürgerlichen Collegien Joh. Peter Frhrn. v. Leonhardi, sowie auch von dem Vorsteher des Rechnungswesens, Jakob Friedrich Goullet, Handtreue an Eidesstatt geleistet.

Hierauf erklärten der Syndikus Seeger Namens des Magistrats und der gesammten Bürgerschaft die unbegränzte Unterwerfung unter den Willen Sr. Majestät des Kaisers Napoleon in der anliegenden Rede und drückte die Empfindung der allgemeinen Freude und Zufriedenheit darüber aus, daß die Stadt Frankfurt der Regierung Sr. Hoheit des Fürst-Primas übergeben worden zu seyn, das Glück habe.

Nachdem nun auf diese Art der Besitz-Uibergabs-Akt vollkommen geschlossen war, ersuchte mehrerwähnter Herr Kommissär Lambert die diesseitigen Herren Kommissarien, Sr. Excellenz dem Herrn Staats- und Konferenzminister Freiherrn v. Albini hievon alsbaldige Kenntniß zu geben, worauf dann der Herr Direktorialrath Itzstein, Hochdenselben hievon zu benachrichten versprach.

Herr Direktorialrath Itzstein begab sich sogleich zu dem in dem Kompostell wohnenden Herrn Staats- und Conferenz, Minister Freiherrn v. Albini Excellenz und kam ohnverweilt mit Hochdenselben an den Römer zurück, wo Dieselbe unter dem Trommelschlag des parabirenden französischen und frankfurter Militairs, sowie von den 4 Deputirten des Magistrats beim Aussteigen empfangen und in den versammelten Saal eingeführt wurden.

Hochdieselbe nahmen den von dem franz. Kommissair Herrn Lambert inzwischen verlassenen Sitz an dem Emportische ein und erklärten Ihre Sendung, nach vorbersamst von dem Kommissionssekretair verlesener Ihrer höchsten Vollmacht, den

September.

| 9. | 1806 | sämmtlich versammelten städtischen Autoritäten, worauf lautes Vivat: es lebe Kaiser Napoleon, es lebe der Fürst Primas, erschallte.

Der Herr Syndikus Seeger als Organ der städtischen Autorität, hielt hierauf eine Danksagungsrede, womit sich dieser Akt um 12 Uhr Mittags geschlossen hat, und Se. Exzellenz des Herrn Staats- und Konferenz-Minister von den Mitgliedern des Magistrats bis an den Wagen begleitet wurden, und unter gleich obbemeldeter militärischer Ehrenbezeugung das Rathhaus (Römer) verlassen haben.

In fidem
Hugo Philipp Fertig
Justiz- Senats- und Kommissions-Sekretarius.

Die oben berührte Rede des Commissars des Fürsten-Primas lautet:

Beauftragt von Sr. Hoheit dem Fürsten-Primas, Unseren gnädigsten Herrn, die aus allerhöchstem Befehle Sr. Majestät des Kaisers Napoleon und kraft der Bevollmächtigug Sr. Durchlaucht des Herrn Fürsten Alexander, Herzogen von Neufchatel und Valengin, durch den hierzu ernannten Commissaire-Général, Herrn Lambert so eben bewirkte Uebergabe der Stadt Frankfurt zu übernehmen, empfinden wir die hohe gegen Se. Majestät den Kaiser und König Napoleon, den Beschützer der Rheinischen Konföderation, Namens unseres gnädigsten Herrn, des Fürsten-Primas, die Gefühle des lebhaftesten und innigsten Dankes in tiefster Ehrfurcht und Rührung auszudrücken.

Eine gleich angenehme Obliegenheit ist es für uns, dem Fürst Alexander, Herzog von Neufchatel und Valengin die schuldigste Danksagung abzustatten, und damit unsere lebhafte Erkenntlichkeit gegen den Herrn Commissaire-Général Lambert zugleich zu verbinden.

Wir erkennen es für ein vorzügliches Glück und Ehre, das Organ Unseres Fürsten bei einer so denkwürdigen Handlung zu sein, die eine neue Epoche für diesen Theil der Staaten ausmacht, welche Glieder der geschlossenen Conföderation

September.

9. | 1806 sind, und von welchem Zeitpunkte an, auch das Glück und Wohl Frankfurts, dieser in vielfältiger Erwägung höchst interessanten Stadt, fester und dauerhafter begründet werden wird.

Groß sind die Begebenheiten, die das Zeitalter ausfüllen, in welchem zu leben wir bestimmt sind.

Die Entwicklung so mancher in vorderen Jahrhunderten liegenden Keime des Uibels und der Zerstörung mußte in unsere Tage fallen und lehrte uns in den traurigsten Erfahrungen, daß das Staatssystem, unter welchem wir lebten, dem veränderten Zustande der übrigen europäischen Staaten nicht mehr gemäß war. Die unermeßlichen Thaten Napoleons, dessen Beispiel die bewunderten Nationen der Vorzeit und ihre glorreichen Anführer nicht aufzuweisen haben, der in einem Blicke Jahrhunderte zu übersehen scheint, haben jenen Umschwung der Völker bewirkt, an dessen Einfluß auch wir Theil zu nehmen berufen sind.

Deutschland hatte schon lang die Kraft und Stärke nicht welche einer Nation zukommen.

Durch seine geographische Lage berufen zu den glücklichsten Erwartungen, allein gelähmt in seiner Thätigkeit durch die Gegenwirkungen in seinem Innern, preißgegeben — wie es das Schicksal aller Staaten ist, denen Einheit des Willens und Kraft der Ausführung fehlt — dem Einfluß und der Politik mächtiger Mitstände oder fremder Mächte, je nachdem sie für gut fanden, das Kriegstheater in Deutschland aufzuschlagen, konnte dieses Volk nur immer mehr und mehr an Selbstständigkeit, am politischen Gewichte verlieren, und war allen zerstörenden Folgen unterworfen, die davon unzertrennlich sind.

In der That! werfen wir einen Blick auf die letzten Jahrhunderte, und wir sehen dieses Reich gegen seinen Willen in alle Kriege verwickelt — stets zum Schauplatz der blutigsten Kriege bestimmt und immer Provinzen opfernd, um nur auf wenige Jahre Ruhe zu erkaufen.

Deutschlands Verfassung war in ihrem Ursprung ein Werk der Weisheit unsrer Väter, sie war das Resultat reifer und oft theuer erworbener Erfahrung: allein diese Verfassung

September.

9. | 1806 | war nur auf innere Ruhe, auf Frieden, jenen Schutzengel des Handels und des Glücks der Völker berechnet; gegen äußere Bedrohung und Gewalt vermochte sie nach so vielen Erschütterungen nichts, und um ein erobernder Staat zu sein, mangelten ihr jene Staatseinrichtungen und eine Centralkraft, die einzig große Thaten hervorbringen, und in der kriegerischen Laufbahn allein Lorbeeren zu ernten vermögend sind.

Unter Napoleons des Großen mächtigem Einfluß ist nun jene Umwandlung zu Stande gekommen, welcher der rheinische Bund sein Dasein verdankt, der uns ein glückliches Loos verkündet. Welches Nationalglück dürfen wir von dessen hohem Genie und dessen erhabenen Eigenschaften uns versprechen!

Die Gebiete der Konföderation werden nun in engerer Verbindung lebend, nicht so wie vorhin jeden Einbruch offen stehen u. der Kriegslust preisgegeben sein. Sein mächtiger Schutz wird die Segnungen des Friedens über uns bringen, alle Quellen des Wohlstandes und der Volksglückseligkeit neu beleben, und die Handlung, dieses edelste Kleinod der Völker, dieses moralische Band, durch welches die entferntesten Nationen sich einander angehören und einen wechselseitigen beglückenden Austausch der Nationalprodukte bezwecken, auf jene Stufe der Höhe setzen, worauf solche mit Recht zu stehen verdient.

Se. Hoheit der Fürst Primas werden Ihrer Seits mit rastlosem Bestreben diese beglückenden Aussichten befördern; das Wohl seiner Staaten ist das einzige Ziel seiner heißesten Wünsche, und der Tag, wo er seinem Volke ein Wohlthat erweisen, die Industrie befördern und die Quellen der Volksglückseligkeit vervielfältigen kann, ist für das edle Herz dieses mit Recht geliebten Fürsten der schönste Tag und süßeste Genuß. —

Durchdrungen von der großen Wahrheit, daß der Flor des Handels mit dem Glück der Stadt Frankfurt in engster Verbindung steht, wird er diesem Zweig seine stets unermüdete Sorge widmen.

Bei allen diesen großen Gesinnungen und wichtigen Unternehmungen dürfen wir der glücklichsten Resultate umsomehr uns schmeicheln, indem der beste Fürst in der Güte,

September.

9. | 1806 | des Herzens und den tiefen Einsichten unseres erhabenen Coadjutors eine mächtige Stütze stets finden wird.

Gewiß, meine Herren Bürgermeister und Rath und Mitglieder der Bürgerkollegien! wenn sie wie wir Zeuge so vielfältiger wohlthätiger Handlungen gewesen wären, womit die Regierung dieses Fürsten bezeichnet ist, — wenn sie wie wir, aus eigener Erfahrung den unermüdeten Fleiß in Aufsuchung der Mitteln, sein Volk glücklich zu machen, bewundern könnten, — wenn sie wie wir, die Humanität, die eble Herablassung und die hinreißende Fürstengüte näher kennten; Sie würden mit uns schon einen Fürsten als ihren Vater lieben, den sie jetzt nur als ihren Herrn verehren, und mit uns würden sie die höchste Vorsehung um dessen längste Lebensdauer mit dem innigsten Gefühle anrufen.

Die Zeit ist aber nicht fern, wo Er unter Ihnen erscheinen wird, und Sie werden sich überzeugen, daß wir nur in schwachen Zügen das Bild dieses Vaters des Volks und verehrten Fürsten, auszuführen vermochten. Bis dahin finden Sie meine Herren! in dem verehrten Staatsminister dieses erhabenen Fürsten, dem Freiherrn von Albini, den Dépositaire der Höchsten Gesinnungen und des höchsten Zutrauens, und sicher dürfen wir Ihnen nicht erst die großen Verdienste ins Gedächtniß rufen, welche die Zeitgenossen in diesem verehrten Staatsmanne allgemein schon anerkannt haben, aber das wollen wir doch bemerken, daß die Gefühle seines Herzens, daß seine warme Liebe für Gerechtigkeit eben so groß, als ausgezeichnet seine Talente sind.

Mit allem Grunde haben Sie diesemnach sich eine glückliche Zukunft zu versprechen und uns wird es stets eine beglückende Erinnerung sein, die Vorsager dieser frohen Zukunft gewesen zu seyn.

Syndikus Seeger sprach:

Mit Unterwerfung verehren wir die Staatsveränderung, welche in diesem Augenblicke über das allgemeine Wesen vollzogen ist, das unserer Verwaltung bisher anvertraut war. Der mächtige Wille des großen Monarchen, dessen Organ Sie

September.

9.	1808

Herr General-Kommissär, sind, ist für uns, unsere sämmtliche Mitbürger und Angehörigen unabweichliches Gesetz.

Indem wir uns von den Verhältnissen trennen, in denen uns bis jetzt vergönnt war, für ihr Wohl zu wirken, belebt uns die tröstende Hoffnung neu aufblühenden Glücks, das ihnen von der Weisheit und Milde des erhabenen Souverains beschieden ist, für den Sie, hochansehnliche Herren Kommissarien des durchlauchtigsten Fürsten Primas, den Besitz unserer Stadt und des Gebiets annehmen.

Mit diesen Hoffnungen und Gefühlen legen wir die Erklärung unserer Submission, Treue und Anhänglichkeit in unserm eigenen und aller unserer Mitbürger und Angehörigen Namen, in Ihre Hände ehrfurchtsvoll nieder.

Möchten Sie bei dem verehrten Fürsten, in welchem auch wir jetzt unserer und der Unsrigen höchsten Regenten und gnädigsten Landesvater unterthänigst verehren dürfen, der Unbegränztheit dieses Vertrauens durch Ihr Zeugniß Gerechtigkeit wiederfahren lassen, von welchem wir durchdrungen, und wobei wir die Ausleger von Gefühlen sind, welche aller Herzen erfüllen.

Empfangen Sie endlich im Namen des durchlauchtigsten Fürsten Primas, den Ausdruck unseres tiefsten Dankes für den Beweis landesväterlicher Huld, womit Ihre Hoheit uns gnädigst anzuweisen geruhen, unsere Amtsfunktionen bis auf weitere höchste Anordnung, fortzusetzen. Feierlich geloben wir, diese theure Pflicht zu erfüllen. Von diesem Augenblicke an uns der Gnade würdig zu machen, welche der beste Fürst uns durch Sie zusichern zu lassen geruhet, soll und wird uns heilige Pflicht seyn.

(Siehe die Feierlichkeiten und Reden bei der Einverleibung Frankfurts in Preußen unter dem 8. October.)

10.	1866	hielt der seitherige gesetzgebende Körper seine letzte Sitzung.
11.	1590	Eröffnung der Sitzung der Reichs-Deputation, die bis zu Weihnachten d. J. währt.

September.

11.	1700	tritt die Stadt Frankfurt zu dem Oberrheinischen Kreis, worunter sie bis zur Auflösung des deutschen Reichsverbands gezählt wurde.
12.	1366	bestätigt Kaiser Karl IV. „Sifried von Parabis, Katharina seiner Ehewirtin und ihren Erben" die von dem Ulrich von Hanau für 800 Pfund Heller und 1400 fl. eingelöseten Reichspfandschaften des Schultheißenamtes zu Frankfurt, des Forstes, des Buchenwaldes und des Forstamtes, und schlägt ihnen wegen Sifrids Diensten 1000 fl. auf das Schultheißenamt.
12.	1805	steigt der Luftschiffer Garnerin von der Pfingstweide aus auf.
12.	1814	besucht Goethe, nach zwanzigjähriger Abwesenheit wieder seine Vaterstadt.
13.	1495	wird Kaiser Maximilian bei seiner Anwesenheit dahier von Geistlichkeit und Rath beschenkt. (8 Flaschen Malvasir, 16 Flaschen Wein, ein „vergüld Geschirr darinnen 200 fl.", drei Faß Wein auf drei Wägen, in jedem Faß $3\frac{1}{2}$ Ohm und 100 Achtel Habern auf fünf Wägen.)
13.	1853	stimmt die Bürgerschaft über den bereits vom gesetzgebenden Körper am 20. Juni angenommenen Gesetzentwurf betr. Einsetzung der Israeliten in ihre politischen Rechte (s. 20. Mai) ab und nimmt denselben an.
14.	1631	wird dahier auf dem Römer ein Compositionstag eröffnet, auf welchem die Abgesandten berathschlagen, durch welche Mittel und Wege die zwischen den katholischen und evangelischen Ständen in Betreff der geistlichen Güter obschwebenden Streitigkeiten beizulegen seien.

September.

14.	1655	besucht König Karl II. von England hiesige Stadt, wie es in Lersner heißt: „Der exulirende König Stuart aus England mit 2 Kutschen und geringem Comitat incognito."
15.	1745	wird Franz I. zum Deutschen Kaiser gewählt.
15.	1808	stirbt Frau Rath C. E. Goethe, geb. Textor.
15.	1813	langt ein großer Transport bei Dresden gefangener Oesterreicher, Russen und Preußen hier an (300 Offiziere und 10,000 Mann).
16.	1238	ermahnt Papst Gregor IX. alle Christgläubigen in der Mainzer Diözese, dem Stiftskapitel zu Frankfurt mit Almosen zur Wiederherstellung der Domkirche und ihrer Thürme beizustehen und verleihet allen Denjenigen, welche dies thun werden, einen 20tägigen Ablaß.
16.	1810	steigt die Luftschifferin Frau Blanchard in die Höhe.
17.	1804	wird mit der Demolirung der Festungswerke begonnen.
17.	1832	Stiftungstag der Loge zum „Adler" (installirt den 9. April 1848.)
18.	1848	werden die Abgeordneten zur Nat.=Versammlung v. Auerswald und Fürst Lichnowsky auf der Bornheimer Haide ermordet.
18 & 19.	1848	Barrikaden=Kampf.
19.	1701	verordnet Kaiser Ludwig IV., daß die Juden in Frankfurt von nun an bis Weihnachten über ein Jahr das Pfund Heller den hiesigen Bürgern um anderthalb, Auswärtigen aber um zwei Heller die Woche leihen sollen.
21.	1411	Wahl des Kaiser Sigismund.
21.	1730	wird die Hauptwache am Schillerplatz zum ersten Mal von der Wache bezogen.

September.

24.	1349	ertheilt und bestätigt König Karl IV. der hiesigen Stadt ein Privilegium, vermöge dessen die hiesigen Bürger und Einwohner vor keinem anderen Richter als dem Stadtschultheißen stehen sollen.
25.	1655	Eröffnung des Deputirten-Tags, der bis zum 27. März 1657 dauert.
27.	1655	Eintreffen der Königin Christine von Schweden.
28.	1614	wird die Achtserklärung verlesen, welche unter dem 4. September vom Kaiser gegen Vinc. Fettmilch, Conrad Schop und Conr. Gerngroß erlassen wurde.
28.	1782	„soll" Schiller in Sachsenhausen auf seiner Flucht von Württemberg in den drei Rindern gewohnt haben.
29.	1517	fängt die Pest an, hier zu wüthen. Ihr erlagen 918 Personen.
30.	1790	wird Leopold II. zum deutschen Kaiser gewählt.

October.

1.	1410	Wahl des Markgraf Jobocus von Mähren zum Deutschen König.
3.	1299	weist König Albrecht I. dem Erzbischof Gerhard von Mainz fünfhundert Pfund Heller jährlicher Einkünfte von den hiesigen Juden an, als Entschädigung für die Zehnten und Gefälle, welche der ge-

October.

		bachte Erzbischof als Kanzler künftig von Juden in Deutschland zu empfangen haben könnte.
3.	1785	steigt der Luftschiffer Blanchard auf der Bornheimer Haide in die Höhe.
4.	1745	wird Franz I. zum Deutschen Kaiser gekrönt.
5.	1812	publicirt der Großherzog eine neue Gerichtsverfassung.
5.	1852	verkündet der Senat (siehe 12. August) die Wiederherstellung der Verfassung von 1816, wobei aber die kurzvorher erfolgte Aufnahme der zahlreichen, sämmtlich den christlichen Gemeinden angehörigen Beisassen in das städtische Bürgerrecht aufrecht erhalten wurde.
6.	1837	Stiftung des evangelischen Vereins zur Förderung christlicher Erkenntniß und christlichen Lebens.
6.	1860	constituirt sich der „Schützenverein."
6.	1865	wird das Gesetz, betreffs Abänderung des Artikels 50" der Constitutions-Ergänzungs-Acte (Abstimmung der Bürgerschaft bei Verfassungsänderungen) verkündet. In Folge dieser Abänderung sollte bei Verfassungsänderungen die einfache Majorität der Bürgerschaft ohne Klassenabstimmung über die Verfassungs-Aenderung entscheiden.
8.	1864	Veröffentlichung des von der Bürgerschaft angenommenen organischen Gesetzes, die Aufhebung der laut dem organischem Gesetz vom 13. September 1853 noch bestehenden Beschränkungen der staatsbürgerlichen Rechte der Landbewohner und Israeliten betreffend.
8.	1866	wird der Act der Besitzergreifung Frankfurts durch die Krone Preußen unter folgenden Feierlichkeiten begangen: Vormittags 11 Uhr versammelten sich

October.

8. | 1866 | im Kaisersaale die Mitglieder des Senates, die christliche und israelitische Geistlichkeit, die Oberlehrer der Schulen, die Spitzen der Verwaltungsbehörden, der Post, des Telegraphen und der Eisenbahnen, die Schultheißen der Dorfschaften, sowie der commandirende General v. Beyer mit dem Offizierscorps der Garnison. Von dem gewöhnlichen Sitzungszimmer des Senates, dem früheren Wahlzimmer der deutschen Kaiser, aus traten der königl. Civilgouverneur, Frh. v. Patow, und der königl. Civilcommissär, Herr Landrath v. Madai, in den Saal, wo nach einigen einleitenden Worten des Frhrn. v. Patow Herr v. Madai die folgenden Actenstücke verlas:

Patent

wegen Besitznahme der vormaligen freien Stadt Frankfurt.

Wir Wilhelm, von Gottes Gnaden König von Preußen 2c. thun gegen Jedermann hiermit kund:

Nachdem in Folge eines von Oesterreich und seinen Bundesgenossen begonnenen, von Uns in gerechter Abwehr siegreich geführten Krieges die freie Stadt Frankfurt a. M. von Uns besetzt worden ist, so haben Wir beschlossen, dieselbe mit Unserer Monarchie zu vereinigen und zu diesem Behufe mit Zustimmung beider Häuser des Landtages das Gesetz vom 20. September d. J. erlassen und verkündigt.

Demzufolge nehmen Wir durch gegenwärtiges Patent mit allen Rechten der Landeshoheit und Oberherrlichkeit in Besitz und einverleiben Unserer Monarchie mit sämmtlichen Zubehörden und Ansprüchen die vormalige freie Stadt Frankfurt a. M. mit den zu ihrem Gebiete gehörigen Ortsbezirken Bonames, Bornheim, Hausen, Niederrad, Niederursel und Oberrad.

October.

8. | **1566** | Wir werden Unserem Königlichen Titel den entsprechenden Titel hinzufügen.

Wir befehlen, die Preußischen Adler an den Grenzen zur Bezeichnung Unserer Landesherrlichkeit aufzurichten, statt der bisher angehefteten Wappen Unser Königliches Wappen anzuschlagen und die öffentlichen Siegel mit dem Preußischen Adler zu versehen.

Wir gebieten allen Einwohnern der nunmehr mit Unserer Monarchie vereinigten ehemaligen freien Reichsstadt Frankfurt a. M. mit den zu ihrem Gebiete gehörigen Ortschaften, fortan Uns als ihren rechtmäßigen König und Landesherrn zu erkennen und Unseren Gesetzen, Verordnungen und Befehlen mit pflichtmäßigem Gehorsam nachzuleben.

Wir werden Jedermann im Besitze und Genusse seiner wohlerworbenen Privatrechte schützen und die Beamten, welche für Uns in Eid und Pflicht zu nehmen sind, bei vorausgesetzter treuer Verwaltung, im Genusse ihrer Diensteinkünfte belassen. Die gesetzgebende Gewalt werden Wir bis zur Einführung der Preußischen Verfassung allein ausüben.

Wir wollen die Gesetze und Einrichtungen der bisherigen freien Stadt Frankfurt a. M. erhalten, soweit sie der Ausdruck berechtigter Eigenthümlichkeiten sind und in Kraft bleiben können, ohne den durch die Einheit des Staats und seiner Interessen bedingten Anforderung Eintrag zu thun.

Unser bisheriger Civil-Commissarius ist von Uns angewiesen, hiernach die Besitznahme auszuführen.

Hiernach geschieht Unser Wille.

Gegeben Schloß Babelsberg, 3. October 1866.

Wilhelm.

Graf v. Bismarck-Schönhausen. Frhr. v. d. Heydt. v. Roon. Graf v. Itzenplitz. v. Mühler. Graf zur Lippe. v. Selchow. Graf zu Eulenburg.

Allerhöchste Proklamation
an die Bewohner der vormaligen freien Stadt Frankfurt.

Durch das Patent, welches Ich heute vollzogen habe, vereinige Ich Euch, Einwohner der Stadt Frankfurt a. M.,

October.

8. | 1866 | und deren Gebietes, mit Meinen Unterthanen, Euren Nachbaren und Deutschen Brüdern.

Durch die Entscheidung des Krieges und durch die Neugestaltung des gemeinsamen Deutschen Vaterlandes nunmehr der bisherigen Selbstständigkeit enthoben, tretet Ihr jetzt in den Verband eines großen Landes, dessen Bevölkerung Euch durch Stammesgemeinschaft, durch Sprache und Sitte verwandt und durch Gemeinsamkeit der Interessen befreundet ist.

Wenn Ihr Euch nicht ohne Schmerz von früheren, Euch lieb gewordenen Verhältnissen lossagt, so ehre Ich diesen Schmerz und würdige denselben als eine Bürgschaft, daß Ihr und Euere Kinder auch Mir und meinem Hause mit Treue angehören werdet. Ihr werdet die Nothwendigkeit des Geschehenen erkennen. Denn sollen die Früchte des schweren Kampfes und der blutigen Siege für Deutschland nicht verloren sein, so gebietet es eben so die Pflicht der Selbsterhaltung, als die Sorge für die Förderung der nationalen Interessen, Frankfurt mit Preußen fest und dauernd zu vereinigen. Und — wie schon Mein in Gott ruhender Herr Vater es ausgesprochen — nur Deutschland hat gewonnen, was Preußen erworben.

Dieses werdet Ihr mit Ernst erwägen und so vertraue Ich Euerem deutschen und redlichen Sinne, daß Ihr Mir Euere Treue eben so aufrichtig geloben werdet, wie Ich zu Meinem Volke Euch aufnehme.

Eueren Gewerben, Euerem Handel und Euerer Schifffahrt eröffnen sich durch die Vereinigung mit Meinen Staaten reichere Quellen. Meine Vorsorge wird Euerem Fleiße wirksam entgegenkommen.

Eine gleiche Vertheilung der Staatslasten, eine zweckmäßige energische Verwaltung, sorgsam erwogene Gesetze, eine gerechte und pünktliche Justizpflege, kurz alle die Garantieen, welche Preußen zu dem gemacht, als was es sich jetzt in harter Probe bewährt hat, werden Euch fortan gemeinsame Güter sein.

Eure kriegstüchtige Jugend wird sich seiner Zeit ihren Brüdern in Meinen anderen Staaten zum Schutze des Vaterlandes treu anschließen, und mit Freude wird die preußische Armee dieselbe empfangen.

October.

8.	1866

Die Diener der Kirchen werden auch fernerhin die Bewahrer des väterlichen Glaubens sein.

Euren Schulen und den von Euch rühmlichst gepflegten Anstalten für Wissenschaft und Kunst werde Ich Meine besondere Aufmerksamkeit widmen, und wenn der Preußische Thron, je länger desto mehr, als der Hort der Freiheit und Selbstständigkeit des Deutschen Vaterlandes erkannt und gewürdigt wird, dann wird auch Euer Name unter denen seiner besten Söhne verzeichnet werden, dann werdet auch Ihr den Augenblick segnen, der Euch mit einem größeren Vaterlande vereinigt hat.

Das walte Gott!

Schloß Babelsberg, den 3. Oktober 1866.

Wilhelm.

Hierauf richtete Frh. v. Patow an die Versammelten folgende Ansprache:

„Im Namen Sr. Maj. des Königs erkläre ich hiermit, daß durch die Publikation des soeben vernommenen Allerhöchsten Besitzergreifungs-Patents die Vereinigung der bisherigen freien Stadt Frankfurt und ihres Gebiets mit der preußischen Monarchie rechtlich und thatsächlich vollzogen ist.

„Ich ersuche die Herren Bürgermeister, die Herren Senatoren, die Behörden und Beamten und sämmtliche Anwesende, soweit nicht die veränderten Verhältnisse entgegenstehen, die bisherigen amtlichen Functionen nach den bisherigen Gesetzen und Verordnungen bis auf Weiteres fortzusetzen.

„Der Moment, in welchem diese Veränderung eintritt, muß für Sie, die Herren des Senats und des Raths, für die übrigen hier versammelten Herren, für alle bisher freien Bürger Frankfurts ein tiefbewegter sein. Aber auch für Diejenigen, welche bisher als Fremdlinge in den Mauern dieser Stadt weilten, für jeden Deutschen und jeden Freund deutscher Geschichte hat dieser Moment etwas Ergreifendes. Deutschlands Kaiser blicken in diesem Saale in mehr als 1000jähriger Reihe in von Meisterhand gemalten Bildern auf uns herab; von diesem Balkon wurden die Wahlen dem harrenden Volke ver-

October.

8. | **1866** | kündet, deren Resultat oft für die Schicksale Deutschlands, für die Geschicke der Welt entscheidend war. Aus Frankfurts Straßen, aus den eigenthümlichen Formen alter bescheidener Bürgerhäuser, wie aus den Prachtbauten der Neuzeit, aus seinen Bauwerken für Gottesdienst und Schule, für Kunst und Wissenschaft, aus seinen Denkmälern tritt uns eine große Vergangenheit, ein reich entwickeltes städtisches Gemeinwesen entgegen.

„Aber, meine Herren, die Weltgeschichte läßt sich nicht durch Gefühle, durch Erinnerungen bestimmen. Sie schreitet unaufhaltsam vorwärts; neue Zeiten bringen neue Anforderungen, die alten Gebilde müssen den neuen Platz machen!

„Sie, meine Herren, und alle bisher freien Bürger Frankfurts, haben Ihre Selbständigkeit verloren. Das ist ein Verlust, dessen Größe sich, wenn Sie wollen, jeder Schätzung entzieht.

„Aber dafür wird Ihnen mancher Ersatz gewährt. Sie erlangen ein Vaterland in dem eminenten Sinne, in welchem Sie bisher ein solches nicht hatten und nicht haben konnten. Sie kommen zu einem Reiche, welches in manchen schweren Zeiten und erst neuerdings den Beweis geliefert hat, daß es durch die treffliche Organisation und Führung, durch die Tapferkeit seines Heeres, durch sein Volk in Waffen fest auf eigenen Füßen zu stehen und seine und seiner Bürger Rechte zu schützen weiß, wo und gegen wen es auch sei. Sie werden künftig die Weltgeschichte nicht mehr über sich ergehen lassen, Sie werden Bürger eines Staates, der zuerst klar begriff, daß eine neue Zeit angebrochen sei, und Das, was sie verlangte, mit kräftiger, aber schonender Hand zu geben wußte; der zuerst die Fesseln der nationalen und der volkswirthschaftlichen Entwicklung zerbrach, die Freiheit der Person, des Eigenthums, die Freiheit der Gewerbe, des Handels, der Ansiedlung herstellte. Sie werden Bürger eines Staates, der zuerst durch die Gründung des Zollvereins, durch die Verabredungen über das Münzwesen, über Posten und Telegraphen und andere Dinge Deutschland wenigstens in manchen und wichtigen Beziehungen zur Einheit zurückführte. Sie werden Bürger eines Staates, in welchem Religion und Schule, Kunst und Wissenschaft, Handel und In-

October.

8. | **1866**

dustrie sich von jeher einer sorglichen Pflege zu erfreuen hatten, dessen Gerechtigkeitspflege eine überall rühmlich anerkannte, dessen Verwaltung eine wohlgeordnete, intelligente und wohlwollende ist.

„Daß Preußen Ihnen dieß alles bieten kann, das verdankt es seinen großen und ruhmreichen Fürsten, wie sie in so langer, ununterbrochener Reihe kein anderes Land aufzuweisen hat.

„Auch Sie, meine Herren, auch die Bürger dieser Stadt werden fortan einen festen Schutz und Hort in einem königlichen Herrn finden, der mit Weisheit und Gerechtigkeit, mit Kraft und Milde die Geschicke eines großen Reiches lenkt.

„Se. Maj. der König hat mit warmen, herzlichen Worten Ihnen verkündet, was er Ihnen sein will. Ergreifen Sie mit treuem Sinne die dargebotene Hand, werden Sie auch ihm, was Sie ihm werden können. Sprechen Sie zum ersten Male als neue Preußen das Gefühl aus, welches alle alte Preußenherzen durchglüht: Gott erhalte, Gott segne den König! Stimmen Sie ein in den lauten Ruf:

„Se. Majestät Wilhelm, König von Preußen, lebe hoch!"

(Vergleiche damit die Besitzergreifung Frankfurts durch den Fürst-Primas unter dem 9. September.)

Am gleichen Tage wollte sich der Senat mit folgender, zwar gedruckten, aber nicht in die Oeffentlichkeit gelangten Ansprache an die Bürgerschaft in Stadt und Land wenden:

„Der Senat
an
die Bürgerschaft von Stadt und Land.

Die erschütternden Ereignisse der jüngsten Vergangenheit haben ihre Wirkung nicht nur auf die politischen Verhältnisse Gesammtdeutschlands geübt; sie haben insbesondere auch die Verhältnisse unserer Vaterstadt von Grund aus verändert.

Frankfurt — die altehrwürdige freie Reichs- und Krönungsstadt, der langjährige Sitz der deutschen Bundesversamm-

October.

8. | **1866** lung; der neutrale Boden, auf dem die Vertreter der Nation sich zum ersten deutschen Parlamente zusammengefunden — die „Freie Stadt Frankfurt" ist aus der Reihe der staatlichen Existenzen ausgeschieden.

Die Hoffnung, daß die, allseitig für nothwendig erkannte Umgestaltung des deutschen Bundes sich werde vollziehen lassen ohne das Opfer der Selbstständigkeit Frankfurts, ist unerfüllt geblieben; die dahin gerichteten Bemühungen waren von keinem Erfolge begleitet: mit der, dahier vollzogenen Verkündigung des königlichen Besitzergreifungspatentes ist die Vereinigung der freien Stadt Frankfurt mit der preußischen Monarchie zu vollendeten Thatsache geworden.

Der Schmerz um den Verlust der freistädtischen Institutionen, durch alle Klassen der Bevölkerung tief empfunden, von dem Senate in vollstem Maße getheilt, ist ein berechtigter; er ist von allen Seiten als solcher anerkannt und geachtet.

Mit der Aufhebung der staatlichen Selbstständigkeit ist die, bis dahin bestandene Staatsverfassung aufgehoben; der Senat als Regierungsbehörde hat aufgehört zu bestehen, neue Verfassungszustände werden an die Stelle der bisher bestandenen treten.

Frankfurts Bürgerschaft blickt auf eine große Vergangenheit zurück. Die Geschichte der Stadt zählt nach Jahrhunderten und die Ereignisse, die hier ihren Schauplatz gefunden, sind Marksteine geworden in der Geschichte des deutschen Vaterlandes.

Die Blüthe des Gemeinwesens, der Wohlstand seiner Bürger ist aber von jeher deren eigenstes Werk gewesen. Die Bürgerschaft wird darum an der Zukunft ihrer Stadt nicht irre werden.

Die Regierung des Staates, die sich an die Spitze Deutschlands gestellt und die Erfüllung der nationalen Hoffnung verheißen hat, wird sich der Sorge um die gedeihliche Entwickelung der neu erworbenen Stadt nicht entschlagen wollen; sie wird — wir dürfen dieß erwarten — geneigt sein, die Vortheile, welche die Zugehörigkeit zu einem großen Staatskörper darbietet, dem hiesigen Gemeinwesen in unverkürztem Maße

October.

8.	1866	angedeihen zu lassen. Die Bürgerschaft selbst aber wird durch ihre bewährte Tüchtigkeit und Betriebsamkeit, durch den Sinn für die öffentlichen Interessen ihrer Vaterstadt, vornämlich aber durch jenen Geist der Humanität, der als die schönste Blüthe der früheren Institutionen bezeichnet werden darf, bestrebt und vermögend sein, Frankfurt auch fernerhin die geachtete und hervorragende Stellung zu bewahren, die es bisher mit Erfolg behauptet hat. In solchem Sinne und mit solchem Vertrauen möge die Bürgerschaft — das ist der letzte Wunsch des Senates — in die neuen Verhältnisse eintreten und nach Tagen schwerer Noth und Trauer unter Gottes Schutz einer besseren Zukunft entgegengehen. Frankfurt a. M., den 8. October 1866. Bürgermeister und Rath."
9:	1790	Krönung Kaiser Leopold II.
10.	1806	datirt die vom Fürst=Primas der Stadt Frankfurt verliehene Organisation, welche am 21. October veröffentlicht wurde.
11.	1826	wird der Grundstein zum seitherigen Waisenhaus gelegt.
12.	1718	Wahl Kaiser Karl VI.
15.	1378	beauftragt Papst Urban VI. den Erzbischof zu Mainz, daß er den Rath zu Frankfurt anhalte, die von den Geistlichen des Bartholomäistifts daselbst er= preßten Gelder wieder herauszugeben.
16.	1547	Abzug der letzten, seither als Besatzung hier gelegenen kaiserlichen Truppen (Schmalkaldischer Krieg).
17.	1799	stirbt J. G. Schlosser, der Jugendfreund und Schwager Goethes.
18.	1816	wird die Constitutions=Ergänzungs=Acte wechselseitig durch Senat und Bürgerschaft beschworen.
18.	1820	Grundsteinlegung des neuen Bibliothekgebäudes.
20.	1300	verkündigt König Albrecht I. den Städten Oppenheim,

October.

		Boppart, Oberwesel, Frankfurt, Friedberg, Wetzlar und Gelnhausen, daß er Herrn Ulrich von Hanau zu ihrem gemeinschaftlichen Vogt ernannt habe.
20.	1858	Vollendung des von Schmidt v. d. Launitz entworfenen Guttenberg=Denkmals.
22.	1511	ergeht ein Kammergerichtsurtheil zu Worms, worin die Schatzung und Besteuerung der Juden zu Frankfurt allein dem Rathe zuerkannt wird.
22.	1792	Einzug der Franzosen unter Neuvinger (Custine).
22.	1810	überfällt eine Abtheilung französischer Truppen, um englische Waaren wegzunehmen, Frankfurt.
22.	1844	Enthüllung des von Schwanthaler modellirten Goethe=Denkmals.
23.	1792	fordert General Custine eine Contribution von 2 Millionen Gulden.
24.	1318	erlaubt König Ludwig dem Rath zu Frankfurt, von jedem Achtel Frucht, das aus der Stadt in die Fremde gebracht und dort gemahlen wird, einen Denar zu erheben und den Ertrag für städtische Bedürfnisse zu verwenden; doch soll die Frucht der geistlichen und adeligen Personen zollfrei sein.
25.	1614	wird verordnet, daß die ganze Stadt in gewisse Quartiere und in jedem Quartier je zehn Häuser oder Personen, die zunächst an einander wohnen, in eine Rotte getheilt werden sollen. (Entstehung des Instituts der Quartiervorstände.)
26.	1400	zieht Herzog Ruprecht von Bayern als deutscher Kaiser in Frankfurt ein.
27.	1647	wird vom Rath beschlossen, das Englische Haus zu einem Armen=Waisen= und Arbeitshaus zuzurichten. (Erster Anfang zum jetzigen Waisenhaus.)

October.

28.	1818	erste Aufführung des „Cäcilienvereins" (Zauberflöte von Mozart).
30.	1813	beziehen die Bürger zum ersten Mal wieder die Wachen, und Nachmittags trifft Prinz Carl von Bayern mit dem Rechberg'schen Corps hier ein.
30.	1867	erstmalige Urwahlen zum preußischen Abgeordnetenhaus.
31.	1350	eröffnen die im J. 1338 verjagten Karmeliter ihren Gottesdienst wieder.
31	1705	Eintreffen des Herzogs v. Marleborough, welcher im Reichen-Cronischen Haus auf der Eschenheimergasse wohnt.
31.	1813	Eintreffen Napoleons nach der Schlacht bei Hanau in hiesiger Stadt, wo er bis 1. November verweilt.
—	1681	Eröffnung des Friedenscongresses, der bis December 1682 dauert, zu welcher Zeit die Gesandten unverrichteter Sache wieder abreisen.

November.

1.	1827	Eröffnung der Taubstummen-Erziehungs-Anstalt.
1.	1852	wird der Rühl'sche Gesangverein gegründet.
2.	1365	datirt das Schreiben Karl IV. an den Erzbischof Gerlach v. Mainz in Sachen der Streitigkeiten zwischen hiesigem Rath und den Zünften, worin der Kaiser beabsichtigt, diese Angelegenheit durch das

November.

		Hofgericht in Gegenwart des Kaisers entscheiden zu lassen.
3.	1495	ist dahier im großen Braunfels die erste Sitzung des kaiserlichen Kammergerichts.
5.	1813	hält Kaiser Alexander von Rußland seinen Einzug; ihm folgt Tags darauf Kaiser Franz.
5.	1816	feierliche Eröffnung des Bundestags.
5.	1816	Grundsteinlegung zum Neubau des Versorgungshauses.
6.	1813	wird Prinz Philipp von Hessen-Homburg von den Alliirten zum General-Gouverneur hiesiger Stadt ernannt.
9.	1631	rückt Gustav Adolph von Schweden mit einer Armee von 20000 Mann in hiesige Stadt ein.
9.&10.	1859	Feier des 100jährigen Geburtstags Schillers.
11.	1358	Abschluß des Vertrags zwischen dem Rath einer- und den Handwerken und der Gemeinde andererseits. (Zunftstreitigkeiten.)
13.	1813	treffen der König von Preußen und der König von Bayern hier ein.
14.	1775	ist P. J. A. von Feuerbach geboren.
15.	1861	Eröffnung des neuen Saalbaues.
17.	1819	Gründung des evangelischen Missionsvereins.
18.	1801	Stiftungstag der Loge Sokrates.
18.	1841	wird der Verein zum Schutze der Thiere gegründet.
19.	1366	erläßt Kaiser Karl IV. ein Mandat an den hiesigen Stadtschultheiß, daß er die hiesigen Juden weder Gesetze unter sich machen, noch Gerichte anstellen lassen solle.
19.	1805	verkündet der Rath eine Verordnung, in welcher die Nothwendigkeit dargethan wird, die Stadt durch die baldigste Abtragung der Festungswerke

November.

		vor ferneren Belagerungen und den damit verbundenen Gefahren zu schützen.
19.	1829	wird das seitherige Waisenhaus bezogen.
20.	1794	Geburtstag W. P. E. S. Rüppells.
22.	1817	constituirt sich die Senckenbergische naturforschende Gesellschaft.
22.	1849	erschien die erste Nr. des „Frankfurter Anzeiger", der bis zum 8. December 1850 den Titel „Straßen-Anzeiger" führte.
23.	1562	langt dahier zur Krönung Kaiser Maximilian II. eine Botschaft des Sultan Soliman an, welche — wie ein Zeitgenosse berichtet — „am Affenthor von des Kaisers und des Reichs Marschall empfangen worden. Ein kaiserlicher Oberster hatte sie bis hierher begleitet, die Empfängniß geschahe in lateinischer Sprach, unter dem Thor standen die Bürger mit zwei Fähnlein, hatten 6 brennende Windlichter, bei ihnen waren die 8 Söldner in ihrem völligen Harnisch auf den Pferden, so Alles sehr wohl anzusehen. Bei dem Einzug marschirten 100 Hakenschützen vor den Türken her, auf diese folgeten Diejenige, so sie in der Rüstung begleiteten. Der Zug geschahe durch die Fahrgassen, zu der St. Catharinen-Pforten hinaus in Hanns Henrich Garten, welcher gegen den Gäns-Graben über gelegen, alwo sie die Nacht durch bewacht worden, bis an den Morgen; ihre Pferd aber seynd vor dem Thor blieben. Den andern Tag logirte man sie neben die Gerste. Bis hierher ist noch niemalen erhöret worden, daß eine türkische Bottschaft soweit in das Reich kommen ist."

November.

24.	1816	conſtituirt ſich die „Geſellſchaft zur Beförderung nütz=licher Künſte und Hülfswiſſenſchaften."
24.	1562	Wahl Kaiſer Maximilian II.
24.	1824	wird der phyſikaliſche Verein eröffnet.
26.	1785	Einführung der „allgemeinen" Beichte.
27.	1308	Wahl Kaiſer Heinrich VII. im Predigerkloſter.
27.	1346	ertheilt Kaiſer Ludwig IV. dem Rath und der Stadt ein Privilegium, daß ſie „kleine ſilberne Münzen ſchlagen, auch den Wechſel in der Stadt beſtellen mögen, alles wie ſie dünkt, daß es ihnen und dem Lande nützlich ſey."
28.	1598	Eröffnung des Fürſtentags, der bis zum 16. December währt. (Verhandlungsgegenſtand: Abwehr des ſpaniſchen Einfalls in Weſtphalen).
30.	1434	beſtätigt und erneuert Kaiſer Sigismund der Stadt ihre Meßfreiheiten.
30.	1562	Krönung Kaiſer Maximilian II.
30.	1807	erläßt Fürſt=Primas die neue „Stättigkeits= und Schutzordnung der hieſigen Judenſchaft."

December.

1.	1562	veranſtaltet Kaiſer Maximilian II. auf dem Roßmarkt ein prachtvolles Ringrennen, bei welchem verſchiedene vergoldete und ſilberne Trinkgeſchirre an 6000 fl. Werth zum Preis ausgeſetzt waren.
1.	1834	Gründung des Philharmoniſchen Vereins. Derſelbe hieß früher „Inſtrumental= oder Schmidt'ſcher Ver=ein"; erſt 1848 nannte er ſich „philharmoniſcher."

December.

1.	1853	wird die erste Krippe in Frankfurt eröffnet.
2.	1792	Erstürmung der von den Franzosen besetzten Stadt durch preußische und hessische Truppen.
11.	1570	wird auf dem Reichstage zu Speier verordnet, daß jährlich die vier Kurfürsten am Rhein ihre Räthe nach Frankfurt zu den Messen abordnen sollen, um auf die fremden verbotenen Münzen zu wachen.
12.	1314	vergleicht sich der Johanniterorden mit dem Stadtrath zu Frankfurt über die Steuerpflichtigkeit der Güter.
14.	1813	wird das Gebiet der Stadt Frankfurt von dem Großherzogthum getrennt und erhält seine alte Municipalverfassung wieder.
16.	1465	erhält die Stadt von Kaiser Friedrich III. ein Privilegium, daß sie alle Auswärtige, welche sich in ihrem Territorium aufhalten, auf Erfordern eines Klägers, wegen Geld und anderer Schulden arretiren lassen darf.
17.	1573	Eintreffen des zum König von Polen erwählten Heinrich von Anjou.
17.	1813	erscheint hier der erste Aufruf zur Errichtung eines Freiwilligen-Corps.
19.	1816	Stiftungstag der Loge „Carl z. aufgehenden Licht."
20.	1856	wird der Verein für bauliche Interessen gegründet.
21.	1384	ertheilt König Wenzel hiesiger Stadt ein Privileg, worin alle Meßfreiheiten bestätigt werden und jede Messe noch auf 14 Tage verlängert wird.
22.	1711	wird Karl VI. zum deutschen Kaiser gekrönt.
23.	1787	hält die hiesige französisch-reformirte Gemeinde zum ersten Mal ihren Gottesdienst in Frankfurt.

December.

23.	1854	wird vom gesetzgebenden Körper der vom Senat vorgelegte Gesetzentwurf angenommen, welcher die Justiz von der Verwaltung trennt, die Mitgliederzahl des Senats auf die Hälfte beschränkt und das inquisitorische Kriminalverfahren in ein akkusatorisches verwandelt.
24.	1521	ertheilt Kaiser Karl V. den Bürgermeistern, Schöffen, Rath und Bürgern eine Bestätigung aller Privilegien, Freiheiten und Gnaden.
25.	1806	erläßt Fürst-Primas eine Resolution, welche den hiesigen beiden reformirten Gemeinden neue Rechte gewährt.
29.	1345	wird der ehemalige Brückenthurm zu Sachsenhausen zu bauen angefangen und nach drei Jahren vollendet.
29.	1547	zieht der kaiserl. General Graf v. Beuern mit circa 16000 Mann hier ein.
29.	1732	stirbt A. A. v. Lersner, der Verfasser der Frankfurter Chronik.
30.	1780	Geburtstag von J. F. H. Schlosser, eifriger Verfechter ultramontaner Tendenzen. (Gest. 22. Jan. 1851.)
31.	1273	verbietet König Rudolph I. den Schultheißen und den Bürgern in Frankfurt, von den Bürgern Gelnhausens weder am Main noch sonstwo Zoll zu erheben.